金蓝盟·论坛系列 8

四方华文

走向卓越管理的 48 个为什么？

走向卓越管理之道

"问号"中的管理精髓

管理要多问为什么——"金蓝盟"的管理智慧

谢继东 著

优秀管理者**追求卓越**之道

企业老板的"藏经阁"，管理者的"宝典库"，职业化人才的"指南针"

拓展**管理思路**，改变**做事方法**，激发**管理变革**

经济管理出版社

ECONOMY & MANAGEMENT PUBLISHING HOUSE

图书在版编目（CIP）数据

走向卓越管理的 48 个为什么/谢继东著. —北京：经济管理出版社，2010.8

ISBN 978-7-5096-1015-2

Ⅰ.①走… Ⅱ.①谢… Ⅲ.①企业管理 Ⅳ.①F270

中国版本图书馆 CIP 数据核字（2010）第 108690 号

出版发行：**经济管理出版社**

北京市海淀区北蜂窝 8 号中雅大厦 11 层

电话：(010)51915602 邮编：100038

印刷：北京银祥印刷厂 经销：新华书店

组稿编辑：勇　生 责任编辑：勇　生　王　琼

技术编辑：杨国强 责任校对：郭　佳

720mm×1000mm/16 15.5 印张 222 千字

2010 年 8 月第 1 版 2011 年 4 月第 2 次印刷

印数：6001—9000 册 定价：38.00 元

书号：ISBN 978-7-5096-1015-2

前 言

巴林银行曾是伦敦城内历史最悠久、声名最显赫的银行，其客户主要包括英国女王在内的显贵阶层。但在1995年的一天，英国中央银行英格兰银行突然发布了一条消息：巴林银行不得继续从事交易活动。10天后，荷兰国际集团仅以1英镑的价格就收购了这家拥有230多年历史的银行。

消息一经宣布，世界一片哗然。一向以稳健著称的巴林银行竟在10日之内轰然倒闭，其原因究竟是什么？

答案很简单，问题出在管理。由于管理上的漏洞，这个在全球范围内掌控270多亿英镑资产的银行顷刻间便毁于一旦。

很多时候，企业发展受到束缚或陷入困境，不是员工的素质不行，更不是企业文化不行，而是由于对管理常识的误解，缺少卓越的管理者。

企业需要卓越的管理者，他们有能力、不固执己见、不兴风作浪。他们的管理或许不引人注目、不具戏剧性，甚至还有些枯燥乏味，但却是企业真正需要的。正如彼得·德鲁克所说："管得好的企业，总是单调而乏味，没有任何激动人心的事件。"这是因为，凡可能发生的危机早已被预见，并已将它们转化为例行作业了。

既然如此，管理者如何才能走向卓越？卓越的管理能力是天生的吗？

事实上，管理者的卓越能力并不是天生的，它不需要特殊的天赋、出众的才能，只要通过不断的实践，通过后天不断地学习，就能培养而成。卓越的管理能力对我们只有一个要求：比竞争对手有更好更快的学习能力。因此，我们可以说，卓越的管理能力是可以学会的，而且是必须学会的。

然而，长期以来，管理学给人以枯燥、晦涩的感觉，使得学习成为一种无味的过程，让人缺乏耐心去锤炼与打造，这往往导致学习后无功而返或半途而废。那么，我们如何才能成为一位卓越的管理者？当我们面对不得不面对的情境、不得不解决的问题、不得不决定的事情，我们又该怎么办？

具有极强的真实可靠性、实战性和多样适用性的《走向卓越管理的48个为什么》将为您揭开谜底。

说本书具有真实可靠性，是因为它是具有 5 年以上高管经验的"金蓝盟"专家们经过大量的实地调研、实际操练的经验总结。

说本书具有实战性，是因为它是"金蓝盟"集团与企业家们十余年的合作得出的成果。其中的"金蓝盟"观点可以帮助管理者从经典、实用的角度入手，学会科学管理，熟知一些必不可少的经营管理套路和法则，进而走上完美管理的捷径。

说本书具有多样适用性，是因为它是"金蓝盟"专家们从实战中挖掘、提炼的更适用于企业管理的各种工具、方法。"金蓝盟"的观点不同于 MBA 的课本，不同于大学一些教授课堂上的阵阵微词。"金蓝盟"专家团在企业中成长为管理精英，又投入到企业中做辅导教练。他们的观点是身经百战之后的提炼升华，经历了一种反复实践到理论，又从理论到反复实践的过程。

通过阅读本书，您能真正体验到"拿来主义"的方便；体验到一种"相见恨晚"的感叹；体验到一种"爱不释手"的感觉。

本书是企业老板的"藏经阁"、管理者的"宝典库"；职业化人才的"指南针"。

我们有理由相信，在阅读本书之后，您将会有更多的思考，因为它能拓宽您的管理思路，改变您做事的很多方式方法，使您的管理真正走向卓越。而这，也正是本书出版的真实意义所在。

目 录

卓越管理指引成功航向

无边的商海需要管理者的远见卓识，无情的商战需要管理者的宏韬伟略。当企业需要导航时，我们最先想到了企业的管理者；当企业运筹帷幄时，我们仍会最先想到企业的管理者。竞争日趋激烈，企业如何取胜？——卓越管理指引成功航向。

1. 为什么实现目标的关键在于管理能力？

> 管理能力不是个人能力，也不是专业能力，主要体现在员工的素质和事业的规模，是实现目标的能力和智慧。

有道是"千军易得，一将难求"，对一个企业而言，管理者指引企业方向。同样的企业，同样的员工，如果由不同的人来管理，肯定会有不同的表现。所以，在很大程度上，企业的好坏关键在于管理者是否优秀。同样，企业部门业绩的高低，90%取决于部门经理是否优秀。

史蒂夫·乔布斯作为苹果公司的管理者，他的卓越管理使苹果牵动了整个世界的神经，令整个世界为之疯狂。

1997 年，乔布斯重返苹果时，公司已经濒临破产。面对衰落的苹果公司，乔布斯说："如果苹果公司要生存下去的话，我们就一定要砍掉更多的项目，我们要有焦点，做我们擅长的事情。"

为此，乔布斯取消了数百个软件项目以及绝大部分硬件项目，包括显示器、打印机以及最具争议性的 Newton 掌上电脑项目。

乔布斯将工作重点聚焦到了消费者身上，他说："苹果公司的根是为人制造电脑，而不是为公司。这个世界不需要另一家戴尔公司或者康柏公司。"

乔布斯认为，目前苹果公司只需要生产四种机器：两种笔记本电脑和两种台式电脑，目标客户是消费者或者专业人士。

两年之后，苹果公司相继推出四个产品，包括专业电脑 PowerMacintosh G3、多彩的 iBook、时髦的钛金属外壳 PowerBook 以及引起轰动的 iMac，这些为苹果公司赢得了一系列的成功。在这之后，苹果公司推出的 iPod/iTunes、iPhone，又让其大红大紫。

谷歌（Google）的 CEO 埃里克·施密特曾这样评价："苹果公司开始了科技史上第二次最引人注目的演出，它传奇般的复苏之路，让人难以忘怀。"

管理者的卓越管理往往能够使企业起死回生，带领企业取得更大的成功。管理者是企业生存发展的核心，对企业发展至关重要。

正所谓"成也萧何，败也萧何"。管理者既可以把企业带入成功的坦途，也可能成为企业的掘墓人。正因为如此，提升管理能力、实现卓越管理已成为商界各级管理者孜孜以求的话题。

对于管理能力的定义，仁者见仁，智者见智。

> 管理能力是实现目标的智慧和能力，可将其分为三个方面：道、法、术。

道——谋划大局的能力

管理之"道"就是要制订计划，即全盘谋划。

企业高级管理者制定战略或者部署年度经营规划可称之为计划，部门经理所做的月度工作计划，班组长所做的周工作计划，都是定计划。

管理能力的首要体现就是对全局的把握能力，不管是企业的高级管理者还是部门的经理，抑或生产班组长，不论职位高低，都需要具有统筹全局的管理能力。

法——操控企业的能力

管理之"法"就是要作决策，即操控。

任何企业走向成功，缔造辉煌，都必须以正确的决策为前提；任何企业陷入困境，走向死亡，都可以从决策上找到原因。

决策是企业生存的命脉。因此，企业中的各级管理者都应具有操控企业的决策能力。在执行的过程中，管理者能够果断判断该做什么，不该做什么？谁对，谁错？

术——实施管理的能力

管理之"术"就是要抓好控制，保证实施。

管理者要控制整个行动的实施过程，按照既定的目标有序推进，需要做到：一方面，要明确控制的含义。高层控制是对管理者的管理，领导控制企业就是通过对管理者的管理，来控制企业。另一方面，要控制好事情本身的层面。既要控制好人——团队，又要控制好完成事情的手段和方法。

管理能力包括了这三个方面，管理之"道"是指宏观而言，是一个谋划、布局的宏观调控能力；领导之"法"是指中观而言，是一个操控企业的能力；管理之"术"是指微观而言，是一个具体实施管理的能力。大到企业的董事长、总裁，小到车间主任、工段长、班组长都离不开这样的管理能力。

如何全面提升管理能力？

在谈到如何全面提升管理能力之前，有必要弄清楚管理能力的三大来源，以做到有的放矢，轻松提升管理能力。

> 管理者的魅力和威信不是天生的，主要有三大来源：角色力量、知识力量和人格力量。

第一，角色力量，就是占有的职位所具有的权势，即岗位本身所具有的奖励、惩罚的权力。

第二，知识力量，即运用专业的技能所表现的实力。例如，要么对市场，要么对内部流程、对客户或者对专业技术方面，管理者具有突出的业绩。知识能力让人信服，这样，管理者就具有知识力量。

第三，人格力量，就是发挥个人外在特质及内在个性优点所能产生的影响力。

在这三种力量中，角色力量、知识力量所占的比重不会超过一半，人格力量占一半。随着职位的升高，管理者的人格力量所占的比重会逐渐加大，而知识力量所占比重会逐渐减少。正因为如此，对广播一窍不通的特德·特纳先生，却可以把环球广播公司变成全世界最大的新闻机构之一，靠的就是他的人格力量。

总之，这三种力量决定着领导的威信，要用权势让人尊重；用知识征服众人；用人格赢得力量。所以，管理者若想提升管理能力，须以此为出发点，从以下方面进行全面升级：

第一，做到善于学习。真正的管理能力产生于实践之中，产生于不断的学习和自我完善之中。管理者除了要学习先进的理论、先进的管理经验，还要善于向自己的员工学习。

管理者通过不断地学习、不断地进步、不断地吸收信息，将技巧和经验系统化并不断地传承与复制，从而带动整个团队的发展，创造出团队的最高效益。

第二，拥有信心，感染团队。信心是一个企业成功的原动力。管理者必须要有信心，用自己的信心调动下属的情绪，激活下属的激情，进而使管理能力最大限度地被激发出来。热忱是会传染的，在一个积极的管理者的领导下，员工很难保持冷漠的态度。

第三，善于打破成规，拥有创新思维。"创新则存，僵化则亡"，创新已成为企业发展的关键因素。如果管理者没有打破成规的勇气和行动，只是一味地墨守成规、按部就班，结果只会让企业失去活力；反之，如果管理者能够标新立异，善于打破常规，不断地进行发散思维、创新管理，这样的企业必将永远立于不败之地。

1956年，在福特公司业绩甚差、面临危机之时，亚科卡费尽苦心，终于想出一个"56年56美元"的促销办法。顾客可以先付20%的首期款，余款每月付56美元，连付3年即可。结果汽车销量大升，获得了大量的利润。

自此，他卓越的领导力在福特公司开始崭露头角，尤其是以独特的创新思维进行市场调查、预测和研究；以独到的战略眼光分析市场结构体系和特点；挖掘、抓住青年消费者的潜在市场和心理需求，并及时组织、开发出迎合青年消费心理的，款式时髦、性能优良、价格低廉、富有娱乐性的小轿车"野马"。

一时间"野马"风靡欧美，这种新型车问世的前两年，就为福特公司赢得纯利润11亿美元！"野马"因此成了亚科卡的代名词。

将陷于困境、濒临破产倒闭的福特公司从崩溃的边缘挽救回来，使这家美国第三大汽车公司起死回生，亚科卡在企业管理史上写下了辉煌的一页。

作为一个善于不断创新、进取和开拓的管理者，亚科卡的管理能力无疑值得我们借鉴和深思。

提升管理能力，管理者要不断地改变自己的思维模式，打破成规，拥有创新思维，以带领团队从黑暗走向光明，真正地成为团队之船的导航灯。

第四，用实际行动来证明一切。一位优秀的管理者，绝不会流于空谈，而是立即行动的实践者，领导者的行动能给员工树立好的表率。

管理者就像团队的一面旗帜。有旗帜在前面引导，团队成员就会有明确的战斗方向，奋勇向前。而管理能力则是支撑管理者站立的核心，管理者若丧失管理能力，这个团队就如一盘散沙，没有凝聚力，会被轻易击垮。管理者只有领悟管理之道、掌握管理之法、善用管理之术，才能带领团队"战无不胜，攻无不克"。

2. 为什么一个卓越的管理者需要首先管理好自己？

金蓝盟观点

管理者的第一要务是自律，即管理好自己，才能管好别人。

俄国作家陀思妥耶夫斯基曾这样说："如若你想征服全世界，你就得征服自己。"

正人先正己，管事先做人。在现实生活中，企业的管理者总是员工目光的焦点。然而，"振臂一呼，应者云集"的管理能力绝不是一个管理职位就能赋予的。

管理者管理别人的前提是管理好自己，从自身做起，凡事以身作则、严于律己，养成良好的工作习惯和道德修养。

作为团队的管理者，如果不能自律，就无法以德服人、以力御人，这样便无法取得他人的信赖和认可，将必败无疑。

从本质上讲，自律就是在你被迫行动前，有勇气主动去做你必须做的事情。自律往往和你不愿做或懒于去做，但却不得不做的事情相联系。

"律"既然是规范，当然是因为有行为会越出这个规范。人们往往会遇到一些让自己讨厌或使行动受阻挠的事情，而在这种情况下，你就应该克服对情绪的干扰，严格自律，接受考验。

某肿瘤医院的主任医师给一位病人看病，发现病人的子宫里长了肿瘤，于是决定立即进行手术摘除。

但当医生进行手术时，却惊奇地发现病人子宫里长的不是肿瘤，而是个胚胎。顿时，医生陷入了痛苦的挣扎当中，此时他面临两种选择：要么隐瞒实情，继续下刀，将胎儿取出；要么立刻停止手术，为病人缝合。一旦告知病人实情，自己多年的名誉必将毁于一旦。

短短几秒钟，医生面临着责任与名利的考验。

20分钟后，他从手术室回到了办公室，静待病人的苏醒。

"对不起"，只见他站在病人的床前说："太太，请原谅，都是我的误诊，您并没有长瘤子，而是怀孕了。不过胎儿安好，请放心！"

此时，医生的一番话震惊了在场所有的医护人员、病人和病人家属。然后，病人家属突然冲了上去，抓住医生的领子吼道："你这个庸医！"

事后，这位主任医师主动请求医院给予其降职处分。

一位朋友问这位主任医师："为什么当时你不将错就错？说他是个肿瘤，又有谁知道！"

他却郑重地答道："可是我知道！"

虽然这位医生得到了处分，但作为医院的主任医师，他的一举一动无不向所有医护人员诠释着自律的重要性。他在名利与道德面前，凭着惊人的自律能力，做出了令人震惊的抉择！

严于律己不仅是一种人生态度，更是组成我们健全人格的一大要素。作为企业的管理者，自律是自己管理自己、自己尊重自己、自己塑造自己。一个能自我管理的管理者，是一个成熟的管理者，更是一个为自己和团队负责任的管理者。

全球华人首富李嘉诚说："自律是修身立志成大事者必须具备的能力

和条件，希望每个人都能做到自律！"

然而，在现实生活中，往往有些管理者办事拖拉、说话随便、上班迟到早退，试问这样的管理者又有谁会信服？其结果自然是优秀员工相继离开公司，懒散员工却越聚越多，这样的企业，又怎能走向卓越？

正如著名管理学家帕瑞克所说："除非你能管理'自我'，否则你不能管理任何人或任何东西。"

管理者如何做到自律？

修身、齐家、治国、平天下，其中的修身就是自我管理。正所谓己身不正何以正人？

> 管理者的第一要务是自律——管理别人应从管理自己开始，掌控自己才能管好别人。换言之，认识自己、降伏自己、改变自己，才能改变别人。

管理者要想做到自律，可以从以下几个方面做起：

第一，要有"自律"的心态。在我们不断塑造自我的过程中，自我心态的管理是自我管理的第一步。在工作中，对我们影响最大的莫过于我们的情绪，是选择积极的态度还是消极的态度将直接影响我们工作的情况。

要做到自律，管理者要善于随时调整自我心态。在工作中，不管遇到多大难题和忍受多大委屈，都要及时调整，并优化情绪，使自己始终保持积极的心态。切忌一相情愿地用自己愚蠢的智慧和无情的管理作周旋、相抵触。

第二，自律须先自省。管理者要做到"吾日三省吾身"，因为反省是成功的加速器。如果管理者经常反省自己，有利于去除心中杂念，进而可以理性地认识自己，对事物有清晰的判断；也可时刻提醒自己改正过失。

管理者只有全面地反省，才能真正认识自己，对自我角色有正确的定位和认知，从而避免落到上下难做人、里外不是人的地步。

因此，每日自我反省是做到自律不可或缺的关键步骤之一。管理者要将反省自己作为日常工作的一个重要组成部分，不断地检查自己行为中的不足，以及时反思失误的原因，完善自我。

第三，自律须理性。主观偏见往往是禁锢心灵的罪魁祸首。在管理过程中，管理者的见识和行为总是受制于它，往往会作出错误的决策。

因此，管理者要想自律，就必须理性，善于发现并尊重事物本身的规律，切勿凭空猜疑、固执己见或者主观臆断。办事情要做到有周密的计划，按章办事、有据可依。

第四，善于进行自我激励。人的一切行为都是受到激励而产生的，善于自我激励的管理者会使自己永远具有前进的动力。即使面对棘手的难题、处于困境，他们都不会选择投机或放弃，而会通过自律，使问题得到圆满解决。

第五，善于磨炼自己的意志。自律和意志是紧密相连的，意志薄弱者，自律能力较差；意志顽强者，自律能力较强。自律对于个人的事业发挥着重要的作用，加强自律有助于磨砺心志，反之亦然。善于磨炼自己意志的人，会具有超强的自律能力。

第六，付诸行动。自律形成于行动中，也只能体现在行动中。

那些单纯靠读几本自律的书就妄想做到自律的人，只会是空想家；那些只会不停地自我检讨的人，最终也无法体会到自律的真谛。

只有真正认识了自己并付诸行动的人，才能不断完善自己，最终养成自律的好习惯。

总之，自律的养成是一个长期的过程，不是一朝一夕的事情。因此，管理者要勇敢地面对来自各方面的一次次对自我的挑战，不轻易地放纵自己，哪怕只是一件微不足道的小事。久而久之，自律便会成为一种习惯、一种生活方式，你的人格和智慧也因此变得更完美。

3. 为什么管理者必须是教练员、鼓动家、政治家、战略家等多种角色的集合?

金盘明观点

> 企业管理者是多种角色的集合，他既是教练员，又是鼓动家；他既要做政治家，又要做战略家。

在日趋激烈的市场竞争中，管理者的综合素质在很大程度上决定了一个企业的生死存亡。企业要想雄踞商界，只有先进的技术、设备，已远远不够，还需具有一批卓有成效的管理者。

现代企业的管理者应该是复合型人才，要具备复合型素质。否则，在企业经营管理过程中很难表现出超凡的管理能力，不但不能树立威信，而且无法打开工作局面。

管理者是团队中的教练员

杰克·韦尔奇不止一次地强调："最伟大的领导人，一流的，是教练。"

卓越的管理者一定要具备教练的素质和境界。教练型管理者能够提出正确的领导思路；能够充分挖掘员工的潜能，团结带领团队达成企业目标。具备这种良好的领导素质的就是教练。

具有教练素质的管理者是一个发现人、开发人的大师，如同一位高水平的雕塑家，他所要雕刻的形象已经在石头里面，只是非常仔细地把其雕琢、呈现出来。而普通的雕刻者只会去琢磨，把这块石头雕出一个什么形状。

管理者在管理过程中，需要向下属"传道、授业、解惑"，承担起教练的责任。这就要求管理者在任何状态和境况下都能很好地面对挑战、冷静地处理问题，具备高水准的管理能力、优秀的组织能力和良好的沟通能力等。

一个具备教练能力的企业管理者，尽管手中有行政强权而不滥用或几乎不用。如同一个携带利剑的武林高手，他不会轻易出手，即使出手也不一定抽出利剑。具有教练素质的管理者会读懂员工的内心，会与员工做深层次的交流。

这正是管理者在沟通中所追求的"四两拨千斤"的境界。

小刘是一家医疗器械公司的中层管理人员。正当公司管理混乱、企业效益下滑之时，小刘作为"空降兵"进入了公司的中层管理层。

刚刚进入公司的小刘，并没有急于表现自己的才能，一周后没有任何动作，两周后依然不见任何动静。到了第三周，小刘在全公司的大会上作报告，宣布了他的"新政"及相关计划、措施。每位下属，甚至是公司的董事长听后都认为：对，就是这样！

他分享成功的秘诀是：有权而不滥权、授权而不弃权、用人而不佣人、懂钱而不动钱。

小刘说，管理的关键是要洞察企业存在问题的真相和实质。哪些是企业关键的人才、他们的行为模式和心智模式是什么？他们有哪些想法、这些想法哪些对企业发展具有积极意义？最后要学会把这些有积极意义的思想汇集起来，成为众人乐于接受的"公约数"。

小刘达到了教练的境界，面对公司混乱的管理，他没有急于采取行动，而是冷静观察、认真分析公司的现状，并在恰当的时间提出了积极的应对措施。

管理者如何提升教练能力？

教练是一种行之有效的管理工具，管理者可从以下几个方面进行提升，进一步完善自我，最终成为一名卓越的企业管理教练员。

第一，学会聆听。聆听能力，无论对于管理者还是员工都是最基本且最重要的能力。统计显示：聆听占了管理者全部时间的 30%~40%，而且聆听名列 20 项重要管理技巧之首。

作为管理者，要善于聆听员工的心声。在聆听时，管理者不仅要注意自己的态度，还要注意把握一定的聆听技巧。

聆听的注意事项：注意力集中，将焦点目标放在对方身上；坦诚相待，抛开不必要的偏见以及判断；聆听对话的全部内容，切忌遗漏；聆听对话中的偏差以及矛盾等。

第二，善于发问。发问是自古以来圣贤们所青睐的一贯做法。卓越的教练管理者同样需要善于发问，会发问。因为只有会问才能真正了解问题的实质，只有会问才能看到更多的事实。

只有在基于事实与真相基础上的管理决策才是正确的。否则，管理者只根据员工所说、所汇报的情况进行管理，就不能从更深、更宽、更广的层面来了解问题。

台湾著名企业家王永庆先生凭着"打破沙锅问到底"的管理方法，为其企业台塑集团的管理作出了非常人所能想到的贡献。

有效发问的注意事项：首先明确发问的目的是发掘对方的心态以及见解，理清信息的事实与真相；其次注意发问要精简扼要，有方向性，切忌漫无目的地乱问，问题要有关联性且具有建设性，多问开放性的问题。

第三，善于培养区分能力。对于那些卓越的管理者，我们多会用"英明"等词来形容其魅力和能力。其实，之所以称赞管理者"英明"，多是因为管理者在处理问题时，能够作出正确的区分、判断，作出了英明的决策。

管理者在管理中所做的所有选择都是基于区分的基础。无法想象一个没有区分能力的领导，如何与员工作深入地沟通，如何能影响到员工的思想，又如何能够发挥出自己的影响力？

区分时的注意事项：管理者要注意保持明确的立场，不要一副高高在上的姿态；要善于支持和鼓励对方，注意理清事实，避免含混不清。

第四，积极培养回应能力。回应就是要管理者发挥镜子的反射作用，将自己对于他人的想法、看法，真实、客观、中立地反馈给对方，及时指出对方存在的问题，并让对方知道其要提升的方面和机会点。

俗话说："金无足赤，人无完人。"优秀的管理者会善用回应，经常给自己的员工照镜子，既让他们看到自己的优点也让其看到自身的不足之处。通过一系列教练式的沟通，支持自己的员工看到更多的可能，从而做出更佳的成绩。

回应的注意事项：管理者需要持真诚和善意的态度，指出对方言行不一致的地方，并给予启发性、建设性的回应。

总之，具备教练素质的管理者在遇到问题时，应懂得如何找到解决问题的方案；在制定目标时，知道如何制定切实可行的计划，以带领团队去达成；在贯彻执行时，清楚如何选择正确行动，用更少的资源做更多的事情，让员工的智慧为企业创造最大的价值。

管理者是团队中的鼓动家

卓越的企业管理者还是一位鼓动家，带领人群，鼓动风潮。

何为鼓动家？

> 作为鼓动家，管理者首先必须是一位造梦者，能够不断地为自己和团队造梦。

梦想的力量是无穷的，是成就事业的动力。研究显示：促使一个人做出巨大努力的因素是情绪化的，而不是理智或逻辑的。对人推动最大的情绪，是积极的而非消极的。

因此，管理者要想使团队走向卓越，必须能够燃起团队成员的梦想，梦想越大、越狂野，就越有利。

管理者如何造梦？

作为管理者，要想成为造梦大师，建立稳定的、庞大的团队，需要做到如下几个方面：

第一，找到自己和员工的需求。管理者在造梦的时候，一定要注意共同的奋斗目标是梦想的一个重要条件。管理者要信任每一位员工的能力、潜质，尊重团队中每一位成员的需求，进而确立共同的梦想，并为之而奋斗。

管理者还要尽量为员工提供学习与成长的机会，因为只有让员工以"心"做事，他们的潜力才能得到最大限度地发挥，为企业创造最大的财富。

第二，树立明确的目标导向。管理者在确立了梦想目标之后，还要将目标视觉化、数量化，且要有具体的实现日期，以激励员工向着目标逐步迈进。

管理者可以在企业内建立"梦想板"，把梦想写在"梦想板"上，让员工每天看且至少大声读几遍。

第三，激励、激励、再激励，帮员工克服对成功的本能恐惧。管理者还要不断激励员工，帮其克服对成功的恐惧，不断激发员工的斗志，使其保持高昂的工作热情。

管理者还应严格要求自己，树立智慧、敏锐、诚信、正直的形象，成为团队成员的榜样。

> 此外，作为鼓动家，管理者除了具有造梦的能力之外，还需具有良好的口才。

古人曾说，"一人之辩重于九鼎之宝，三寸之舌强于百万雄兵"，"片语可以兴邦，一言可以辱国"，等等。

这些经典的名言无不彰显了身为管理者拥有良好口才的重要性。良好的口才是出色沟通的基础，也是企业管理走向卓越的保障。

语言传达的不仅是一种信息，更是一种力量。作为鼓动家，管理者需要用语言去撞击员工的心灵，激发员工的热情，坚定员工向前的意志。

管理者如何使语言更具鼓动性？

要想使语言更具鼓动性，管理者需要做到以下几个方面：

第一，管理者须具有恢弘的气魄、宽阔的胸襟和无畏的胆略。

第二，管理者要有高超的语言运用技巧。管理者可以通过口号、格言、警句等具有极强鼓动性的语言来感染员工，使他们在短时间内情绪高涨。

因为这些经过加工、浓缩的语句较为简练，且寓意深刻，容易为员工所接受。此外，管理者还可利用员工对实现目标后美好生活的渴望，最大限度地调动他们工作的积极性。

管理者是团队中的政治家、战略家

一位美国作家在评价毛泽东的成功时说，毛泽东成功的关键在于他做到了两个得当：第一个战略得当；第二个用人得当。其中会用人，这是政治家必备的才能。

管理者是团队中的政治家，主要表现在其知人善任，打造出色的班底方面。此内容在以后的章节中，将做重点阐述。

管理者不仅是政治家，还是团队中的战略家。说其是战略家主要是因为管理者能够高瞻远瞩，谋划得当；能够对企业的长远发展目标及步骤提出大胆的设想。

进入 21 世纪后，人们越来越发现，索尼公司创始人盛田昭夫巨大

"失误"的亏损并购，竟然是他留给索尼最有价值的一笔遗产。他以企业家特有的眼光，洞见了21世纪索尼赖以存活的根基——视听娱乐，并以灵敏的商业直觉，深刻地觉察到了好莱坞的知识产权对索尼发展的巨大战略意义。

盛田昭夫以他战略家的超前眼光和企业家的过人胆略，为未来索尼构建了以家庭视听娱乐为中心的从内容、渠道、网络到终端的产业链条和商业体系。

盛田昭夫有胆有识，他以其实际行动向人们诠释了一个管理者具有战略家的眼光的必要性。

管理者如何快速成为战略家？

管理本质上说是一个通过有效的途径达到一系列目标的过程。我们要想成为卓有成效的管理者，成为企业管理的战略家，需要做到以下几个方面：

第一，按规律办事。在工作中应坚持从实际出发，因时、因地、因人制宜。科学合理地分配工作任务，并有针对性地将工作目标、计划、方案、决策贯彻落实。

第二，办事时，统筹全局。古人云："善弈者，谋势；不善弈者，谋子。"这里所说的谋势，就是说要胸怀全局，通盘考虑，统揽全局抓大事。

（1）抬头看天是看趋势。

管理企业必须要懂趋势，所谓趋势包括：

①管理者要了解重要的法规和政策。有一些企业正是因为不了解法规，才犯下了难以弥补的错误。

②管理者要清楚整个行业的发展趋势。

③管理者要知悉业界的焦点。

例如，假如你负责外单管理，而美元对人民币的汇率突变为 8.1：1，此时，你该如何作出应急性的反应？如果人民币对美元的汇率是 6：1，你又该用什么招数来对待呢？这就是所谓的抬头看天，管理者要学会看天吃饭。

（2）低头看路是找对策。

低头看路就是看实施的情况，我们的管理经营之路走得如何。其中包括企业的研发管理之路、技术管理之路、投资管理之路、营销管理之路，等等，这些经营之道来源于管理者对企业大局的宏观把握，更是管理者为人之道的体现。正所谓有思路要有道路，有道路要有心路，有心路还要有正路。

（3）跳出企业是看模式。

企业管理模式是企业管理运营成功的一个根本保障，是具体操作的原则和套路。它包括管理模式、经营模式和发展模式，管理者要清楚这三个模式能否满足企业的今天乃至未来发展的需求。切不可盲目地照搬照抄其他不符合企业现状的管理模式、经营模式和发展模式。

管理者必须把统揽全局、抓住大事作为整个管理工作的着眼点和落脚点，在一些重大问题上应集思广益，做到统筹全局，科学管理。

第三，善于培养冒险精神，不断突破创新。

> 管理者要成为战略家，必须有冒险精神，但是，切忌盲目冒险。

管理者要有冒险精神，是指管理者在经营管理及项目开发的过程中敢于寻找未知领域的新项目和新的市场空间，探索前无古人的管理思路和办法，找出前所未有的解决方案和对策。在尝试中改善管理方式，修订市场营销、项目开发、人事管理等方面的政策；在科技开发上有所创新；在管理突破上不断推出新点子。

创立于 1904 年的英国劳斯莱斯汽车公司，在 1981~1983 年，曾一度面临严重的财政困难。到 1986 年，新上任的彼得·华德使公司出现了转机，塑造了一个更有生命力的"劳斯莱斯"新形象。

华德大胆设想、敢于冒险。他在标准型劳斯莱斯轿车上加上金属边线，使它显得更贴近地面，更有安稳感。同时，他给班特莱车增加了涡轮推进引擎，使重达 5500 磅的汽车具有在 7 秒钟内启动，加速到 60 英里/小时的能力。

20 世纪 80 年代末，班特莱车的销售已占公司总销量的 40%，每辆售价也高达 16.7 万美元。

作为劳斯莱斯汽车公司的管理者，彼得·华德大胆设想、敢于冒险、不断突破创新，最终力挽狂澜，使公司转危为安，并创下了汽车的销售奇迹。

然而，并不是所有的冒险行为都会带来效益，那些盲目的冒险行为往往会导致失败。其原因是：

①不知情的冒险会给企业造成直接的经济损失，甚至把企业推向灭亡的深渊。

②不可靠的冒险会浪费大量的人力、物力、财力和精力，丢掉市场良机。

③不值得的冒险是得不偿失的，不符合价值规律和市场法则，最终只会徒劳无功。

当然，管理者也不能因为害怕冒险而不去必要地冒险。

第四，学会战略性思考。

> 企业的管理者不会战略性思考，就会影响企业的整体和大局，因此要找支点、找瓶颈、找浪费。

（1）管理者要学会找支点。

所谓支点就是可以撬动企业快速发展的力量。管理者要善于思考是什么力量在撬动企业快速发展。每个企业都会有一个支点，或者是资源或者是人才，抑或是市场的扩张。

（2）管理者要善于找"瓶颈"。

"瓶颈"就是影响企业向前发展的致命问题。在经营学中，被称之为最影响企业的"木桶原理"，即影响木桶装多少水的木板，不是最长的那块板，而是木桶最短的那块板。

管理者要善于找出影响企业发展的"瓶颈"，以保障企业能够快速而平稳地发展。

（3）管理者要懂得找浪费。

企业经营，浪费现象在所难免。浪费主要分为两大类：一类为摸得着、看得见的浪费。这些浪费多是由一些工作活动引起的很小的浪费，往往不被人们所重视。另一类为看不见也摸不着的浪费。此类浪费更不易被察觉，多是系统所造成的浪费，具有潜在的危险性。

作为管理者，要善于找到产生浪费的根源，从而加强管理。只有将浪费降低到最小，才能将企业效益提升到最大。

企业管理者在企业中扮演着重要角色，是企业发展的目标确认者、计划制订者、工作指导者。从一定程度上说，企业管理者的水平、素质高低决定了企业的发展。所以，企业管理者要认清自己的角色，努力提升自身素质，与企业共创辉煌。

4. 为什么企业间的竞争等同于管理者之间的比拼？

金蓝盟观点

管理者的性格就是企业的命运，企业的成败系于管理者一身。管理者的一小步，就是企业的一大步。

三国时，官渡之战刚结束，刘备率数万人进攻许昌，结果被曹操出奇兵打得大败。刘备领残兵逃至汉江沿岸，处境十分狼狈，他对身边将士说："诸君皆有王佐之才，不幸跟随刘备。备之命窘，累及谋君。今日身无立锥之地，诚恐有误诸君。君等何不弃备而投明主，以取功名乎？"

诸将闻听此言，怨气顿然消释，并瞬间转化为同仇敌忾之激情。

反观袁绍，就比刘备愚蠢许多，当他不听田丰计策而导致失败时，竟说："我没有听田丰的智谋失败了，可能要被他耻笑。"于是，他只因怕被田丰耻笑，竟将田丰给杀了。如此气度和胸怀，使他后来遭到更彻底的失败，看来不是偶然而是必然了。

刘备推功揽过，在遭遇困境时，责己之咎，因而三分天下得其一。反之，袁绍刚愎自用，推过揽功，终为曹操所灭。

毛泽东说："没有落后的群众，只有落后的领导。"

在一个组织里，管理者是关键的关键。尤其在现代社会高度竞争和变化万千的时代，管理者如何带领团队去奋斗，去闯出自己的天地，非常重要。

从某种意义上来说，企业之间的竞争等同于管理者之间的比拼。

日本索尼公司的盛田昭夫曾经说过："日本公司的成功之道并无任何秘诀和不可言传的公式。不是理论，不是计划，也不是政府政策，而是人，只有人才会使企业获得成功。"

作为管理者，必然要竭尽所能、高屋建瓴地为企业作出远期的战略规划、廓出清晰的企业远景，使管理既有远见又有生命力。所以，管理者要不断提升自身的竞争力，以使企业永葆强大的竞争力，立于不败之地。

管理者如何快速提升自身竞争力？

企业管理者要想提升自身竞争力，必须注重提升自身的综合素质和修养。

> 现代管理者必须具有"三识"与"三力"。"三识"是知识、见识、胆识;"三力"是魅力、魄力和势力。

"三识"即知识、见识、胆识。

知识:指在现代企业管理中,管理者既要谙熟管理的职能和原理,也要掌握管理的方法与技术,这就需要管理者具有丰富的专业知识储备和足够的知识跨度。管理者需要具有"三维知识结构",即知识的深度、广度和时间度。

深度是指管理者对知识的熟练程度,要能够掌握知识的实务操作;广度是指知识面要宽,除了掌握相关的专业知识外,还应熟知其他的管理知识;时间度是指管理者的知识要不断地进行更新,以适应新经济时代的要求。

"知识"的来源一般有三个途径:一是多听专家演讲,引进先进的企业管理模式与方法;二是多向高手观摩学习,积极吸取优秀企业的管理经验;三是多读书,开卷有益。

作为管理者,必须掌握的相关知识一般有:心理学、人际关系学、社会学、营销学、谈判学等。总之,对于现代企业的管理者而言,博学多才、具有扎实的知识基础,具有十分重要的意义。

见识:指见闻和知识。正如俗语所说的:"读万卷书,不如行万里路;行万里路,不如阅人无数。"

成功的管理者,无不具有远见卓识、洞察先机的能力。作为管理者,站得高才能看得远,经历得多才能见识广。

管理者的见识如何,往往在很大程度上决定其事业上的成就大小。如果管理者视野狭窄、见识低下,轻则无法服众,重则无法开拓事业。

知识能由学习获取与累积,同样,见识也可在历练中培养。管理者在培养自身见识时,必须胸襟开阔,不自满,善于结交朋友,才能见贤思齐，开阔视野；反之，管理者若自命不凡，总以管理者的姿态办事，那么开启心智的门窗也就关闭了，何谈培养见识？

胆识：指有勇有谋。善于发现机会，敢于挑战风险。胆识似乎与一个人的性格有关。然而有胆识之士，大多先有知识与见识的积累，加上有一肩担起责任的使命感，遂能成就一番事业。

从某种意义上讲，创新是胆识的重要表现。现代管理本质上是一种创新活动。在激烈的竞争环境中，哪个管理者能够带领企业不断推陈出新；哪个企业就能领导潮流，获得竞争优势。

管理者要想有过人的胆识就必须不断地接受新信息、学习新知识、掌握新技术、想出新点子。

"三力"即魅力、魄力和势力。

魅力：指一种作用很强的非语言的交流方式，它赋予管理者捕捉他人想象力的能力，为管理者赢得支持和百分百信任。它是权威的一种形式，就像法律和传统令人产生敬畏一样影响着员工们的行为。

作为管理者，要时刻注意自己的形象，保持标志性仪态；能够自如地掌控自己的肢体语言；学会用眼神交流；注意展现自己平易近人的一面；学会称赞别人等。

更重要的是优秀的管理者必须具有令人尊敬的人格魅力。所谓"人格魅力"主要是指对人的精神层面上是否具有很大吸引力、感召力和亲和力的人性评价。

管理者必须严格遵守职业道德，永远不要踏进道德这个雷池。作为管理者，在任何时候，都不要透支自己的道德，做出害人不利己的事情；更不能为了自己或企业一时的超额利益或利润，而不惜破坏制度，甚至以身试法，否则将得不偿失。

魄力：指要有处理事情的胆识和果断的作风，有将对的事情坚持做下去的决心和勇气。

在瞬息万变的市场竞争中，每一个决策都是管理者智慧、谋略及胆量的结晶。有魄力的管理者能够在商机无限的市场中抓住机遇，更能够在质疑声中坚持自我、永不放弃。

然而，作为管理者，魄力十足并非是片面地"胆子大、说了算、定了干"或"敢于拍板"。管理者的魄力是建立在对现实条件进行充分分析的基础上的，是现实性与先进性的结合，而非鲁莽之举。

因此，管理者在错综复杂的市场环境中，要时刻保持清醒的头脑。以牢牢地把握前进的方向，在各种困难和风险面前，做到坚韧不拔、一往无前。

势力：指作为管理者要有一个铁班底（班底不是班子），班底要能够"托起董事长，撑起企业事"。

在当今竞争激烈的市场大潮中，企业与企业之间的竞争究其本质，就在于管理者与管理者的竞争、班底与班底的竞争、模式与模式的竞争，其中班底则是企业胜利的关键。

班底有三个层级：核心层、紧密层和中坚层，它们构成的"人"、"从"、"众"结构，是一个目标、利益一致的共同体。

大格局的班底应该是和谐的，对于企业而言，较强的班底要具备三个力，即领导力、执行力和协同力缺一不可。

管理者要学会优化班底成员，不断地吸引一些合格、优秀人才，淘汰一些不合格的人才，选择适应企业发展需要的人才。

为了实现班底的"合心求铁"，企业上下必须目标一致，管理者要制定振奋人心的目标，使所有员工都愿意为此而努力。这样，在实现目标的过程中员工的愿望就会得以实现，企业的竞争力也会慢慢得到提升。

在现代市场经济条件下，企业与企业之间的竞争归根结底就是管理者与管理者之间的竞争。人力资本才是企业真正的核心竞争力，正如台湾全球华人竞争力基金会董事长石滋宜所说："真正的核心竞争能力不在于产品或技术，而是在于该组织内的人。"

管理要淡化英雄色彩

在全球经济一体化、竞争白热化的当今社会，任何一个企业所面对的外部环境和内部要素都表现出越来越复杂的趋势。在企业运营中，靠一两个权威的作用已经无法保证企业的生存和发展。管理者只有摒弃个人英雄主义的思想，充分发挥、发掘企业中每个成员的积极性和潜能，提高企业的运营效率，才能实现企业的目标，使企业在剧烈的变动和激烈的竞争中立于不败之地。

5. 为什么要铭记成绩是大家的，错误是自己的？

作为管理者，不要为自己表功，切记成绩是大家的，错误是自己的。管理者要注意自己的形象，切忌官僚主义！

《菜根谭》道："完名美节，不宜独任，分些与人，可以远害全身；辱行污名，不宜全推，引些归己，可以韬光养德。"

推功揽过不仅是一种凝聚人心的工作方法，一种智力资源的有效管理；更是一种勇于担当的负责精神，一种为人处世的至善至德境界。

推功揽过是管理者高超领导艺术的又一要则。企业的管理者，注定不可能只身在简单的人际关系中。面对这样的现实，记住一个万通法则：推功揽过，勇于担当。

所谓推功，就是在荣誉面前不主动"伸手"，把功劳、成绩让给团队其他成员。然而，在现实工作中，有些管理者却不是这样，在评选先进、立功受奖时挺身而出，将所有荣誉和成绩归己所有。结果可想而知，团队人心逐渐涣散，企业只能关门了事。

小刘是某公司的策划文员。

一次表彰会议上，她的上司获得了"年度最佳策划奖"。但当公司高层领导公布获奖策划的内容时，小刘却发现获奖的策划方案，正是不久前自己策划的文案。没想到她的上司竟然更改了署名……

但是，小刘并没有告发她的直接上司，只是从心里瞧不起他。自此，小刘的工作热情骤然下降，策划方案更是很难再出彩。

最后，小刘决定离开公司。

或许小刘的上司认为自己很聪明，其实不然，他是聪明反被聪明误。身为管理者，不能站在下属的角度思考，就只能失去下属的信任和与之奋斗的决心。

面对荣誉、奖赏，管理者要保持清醒的头脑，拥有正确的认识：管理者所取得的成绩，都与团队的努力分不开，凝结着每一位团队成员的心血与汗水。把荣誉、成绩"推"给团队其他成员，会树立起自己良好的形象与威信。

所谓揽过，就是在工作中出了问题，管理者要勇于承担责任。俗话说："人非圣贤，孰能无过。"工作中难免发生这样那样的问题。作为管理者，当下属有意或无意地犯了一些错误之后，管理者在查明真相、及时纠正的同时，要据理力争，承担责任，保护下属。这样才能提高威望，得到下属的拥护和爱戴。管理者绝不能把下属当做"替罪羊"，让其"背黑锅"来保全自己。这样做必然会失去员工对自己的忠诚与支持，失去人心，最终导致失败。

《孙子兵法》中有这样一句话："视卒如婴儿，故可与之赴深溪；视卒如爱子，故可与之俱死。"从这句话中我们可以看出对士兵关爱的重要性。

管理也同带兵打仗一样，推功揽过正是管理者对员工关爱的表现，是管理员工的情感"利器"。之所以这样说，是因为：

第一，推功揽过是有效管理的手段。管理者的管理手段是多种多样的，而推功揽过确是有效管理的手段之一，更是一种激励手段。心理学家认为，人的一切行为都是受到激励而产生的。管理者可以通过推功揽过的方法激励员工，进而激发员工的工作热情，调动其积极性和创造性，充分发挥其智力效应，实现有效管理。

第二，推功揽过是成就事业的基础。管理者管理员工的目的就是"用人以治事"。成就一番事业，不可能总是一帆风顺，难免会遇到挫折与失败。对此，管理者要有充足的心理准备：取得一时的成功不争功，而是将功劳"推"给团队成员；遭遇一时的失败，不推过，而要勇担责任。管理者需切记"成绩是大家的，错误是领导的"。

这样，不仅有利于管理者与员工建立和谐的关系，为管理者树立良好的形象，同时更能使员工在工作中真正放开手脚、发挥出最大的潜能，进而成就更大事业。

第三，推功揽过是成功沟通的要领。通过推功揽过，能够拉近管理者与员工之间的距离，消除上下级的层级障碍；管理者与员工的心胸能逐渐开阔，相互间的善意能够增强，信任将逐渐加深。这样，管理者与员工之间的沟通是有效的。做到了这些，企业的困境将是暂时的，长久的成功却是注定的。

管理者如何做到推功揽过？

第一，要有平和的心态。面对成功，没有人不为之心动。然而，管理者却要将这些"推"给团队，这需要较大的勇气和相当平和的心态。

管理者要能认识到：个人的力量始终是有限的，离开了团队，再威猛的英雄也做不成大事。即使确确实实是管理者的个人功绩，但是，能有今天的成就，不也是无数人帮助的结果吗？若能有这样的心态，"推功"并非难事。

反过来，能做到"推功"的人，或者说具备这样心态的人，他的谦虚并不会抹杀他的功绩，反而会将其加倍放大。

面对失误，管理者同样要有平和的心态与承担的勇气。"金无足赤，人无完人。"员工的失误，虽然表面看来与管理者无关，但是若仔细分析，管理者就会发现：员工的执行失误，很有可能就是因为你的指挥不当或者监督不力所致。

这样，作为管理者就会明白"错误是领导的"真正内涵。

第二，要有丰富的见识。管理者能够在错误发生时，就深刻地总结导致错误的原因，找到事物之间的联系，并清楚地认识到自己的责任需要具有丰富的见识。由此，企业能够防微杜渐，将问题消灭于萌芽状态。

第三，要注意把握推功揽过的"度"。值得注意的是，推功揽过主要适合于中高层管理人员对复杂事务的处理，适合于没有明确制度或没有先例可循的事务上。

管理者切忌为了一味地追求推功揽过，将公司的制度、标准抛于脑后，对员工明显的错误也主动承担。这样做的结果只会纵容恶习，在公司内部造成不好的影响。所以，管理者在揽过的时候，要做到眼明心亮。

如果用古语来总结由推功揽过所形成的上下级关系，那就是"君仁臣敬"。管理者宽厚仁爱，责己深、律人宽，能够推功揽过，下级员工便会敬业爱岗、甘于奉献。

在管理中，行动比诺言更有说服力，身教比言传更有效。管理者推功揽过，更能取得主动权，赢得人心，促使员工自觉地跟着其干事业。

6. 为什么"能人"手下无能人？

"能人"手下没有能人，是因为管理者将所有的事情都大包大揽，不给下属丝毫锻炼的机会，下属的能力得不到任何提高。

《资治通鉴》中有这样一则记载：诸葛亮曾亲自校对登记册，主簿杨颙知道后劝谏："治理国家犹如一家的规则和秩序，上下职务不能相互侵犯。"

他还打了个比方：有一户人家，男仆耕田种地，女仆烧火做饭，鸡管报时，狗管看家防盗，牛负重载，马跑长途。主人看到家里样样工作都开展得井井有条，各种需要都能得到满足，就放心地休息去了。

然而有一天，这位主人打算亲自去做所有的活儿，去做种种琐事，结果累得疲惫不堪，却一无所成。

借此故事，杨颙想劝说诸葛亮不要事必躬亲，应让下属各司其职。对于杨颙的劝说，诸葛亮并没有认真听取，依然"亲理细事"、"夙兴夜寐"，内政军戎全权一人管理，身体每况愈下。最终，诸葛亮累死在阵前，留下了"出师未捷身先死，长使英雄泪满襟"的千古遗恨。

诸葛亮火烧新野、鏖战赤壁、三气周瑜、智取西川、七擒孟获、六出祁山的故事至今仍是脍炙人口。古往今来，多少志士仁人，骚人墨客，无不为其雄才大略和高度负责的敬业精神所折服。然而，冷静地思考一下，他的"事必躬亲"确有可鉴，亦有可戒。

其实，不管是朝中大臣带兵打仗、治理国家，还是企业管理者管理企业、员工，"事必躬亲"可谓管理之大忌，也是管理者低效率管理的特征之一。

所谓"事必躬亲"，就是管理者对什么事情都放心不下，非要自己插上一手才安心。所以就会造成不论大事小事，总是想自己一手操办。

事必躬亲的管理者，表面上看是公司的管理层，但实际上可能是秘书、文员、外勤、公关，甚至是清洁工或保姆。公司的所有事情都在他的工作范围之内，这样的管理者往往无所不在，不管员工在哪个角落里做什么工作，他都可能会悄无声息地出现在员工"背后"，然后接过员工手中的工作。

事必躬亲的管理者大多都追求完美，总是不能彻底相信别人，有很严重的焦虑感。他们对什么事都放不下，只有自己亲手做才觉得踏实。他们的焦虑不是来自于别人，而是来自于自己。如果他们不能亲手照顾到每一个细节，他们就会坐立不安。

这样，不仅使管理者自身疲惫不堪，而且由于其事必躬亲，使得属下没有机会得到锻炼，难以成长。结果，要么造成"蜀中无大将，廖化为先锋"的局面；要么形成无人可用，管理者不得不更加事必躬亲的恶性循环。

试问任何一个有理想、有追求、有抱负、有上进心的新时代年轻人，怎能忍受每天混日子的工作状态呢？

每个员工都希望能得到发展，发展则需要锻炼，而工作就是最好的锻炼机会。假如管理者事必躬亲，员工又何来锻炼机会，又何谈发展？

在这种情形下，员工的个人能力又怎能得到提升？

小王在一家规模比较大的公司做人事经理，本来是一个不错的发展起点，可是偏偏上级就是一个事必躬亲的人。

对于人事上的每件事情，小王的上级都要亲自过问，对于出现的问题，上级也喜欢亲自解决。结果，这令小王很苦恼。

工作中，只要出现什么问题，上级总是说他办事不力。小王有口难辩，明知是上级不放手让自己做，却只能忍受。

一年下来，本来对工作充满激情的小王，却失去了信心。工作上也没什么成绩，只是原地踏步，个人能力更是无从提高。

现在不少企业管理者都感叹自己太忙，总是难以集中时间和精力思考与处理计划中的事务。作为管理者你是否问过自己：

我是不是"管"得太多了？

我是否事无巨细、事必躬亲？

我是否做到了充分授权？

孔子的学生子贱有一次奉命担任某地方官吏。他到任以后，经常弹琴自娱，不问政事。可是，他所管辖的地方却被治理得井井有条，民兴业旺。

这使那位卸任的官吏百思不得其解，因为他每天勤勤恳恳，从早忙到晚，也没有把那个地方治理好。于是他请教子贱："为什么你逍遥自在、不问政事，却能把这个地方治理得这么好？"

子贱回答说："你只靠自己的力量去治理，所以十分辛苦；而我却是借助下属的力量来完成任务。"

聪明的管理者，应该发挥下属的才智。现代管理理念早已经提出管理者要充分授权，不要总是大权独揽、小权不放。从经济学角度来说，一个人是不必事必躬亲的，这不需要复杂的经济理论，只要一些简单的例子就可道明其中的道理。

曼昆的《经济学原理》中就讲述了一个现代经济寓言：

有一个放牛的农民和一个种土豆的农民，他们两人都既喜欢吃牛肉又喜欢吃土豆。如果放牛的只提供牛肉，种土豆的只生产土豆；那么，贸易的好处是最明显的。

但是，如果他们都既提供牛肉又生产土豆，情况会怎样？

很明显，管理者有管理者的道，必须专注于自己该干的事情，在什么位置干什么事。盛田昭夫曾说："管理不是独裁，一家公司的最高管理阶层必须有能力领导和管理员工。"

从管理的角度来讲，一位成功的管理者是下属的教练，更多的是教和监督下属怎么做，而不是自己做。正如一名驾驶教练如果总是自己掌握方向盘而不让学员接触，能培养出合格的驾驶员吗？

所以，作为企业的管理者应该懂得：与其事必躬亲，不如"置身事外，合理授权"。

管理者如何避免事必躬亲，合理授权？

信任是胸怀，是培养。很多工作由下属去做，往往比上级亲自做更好，因为那根本就是下属分内的事情，只不过大多数情况下都被上级无意识地抢着做了。

很多企业都或多或少地存在着这样的现象：管理者在做下属应该做的事情，而下属往往因没得可做却在评价管理者，考虑管理者应该考虑的事情。如上级这件事情好像做得不对；我们企业应该这样发展，应该向哪里投资等。这种现象就是角色的错位。

真正的管理不是将所有工作都包揽在管理者一个人身上。作为管理者，必须学会分身，让下属分担你的工作，作为你的"替手"、"替身"和"替心"，在其各自的岗位上发光发热、各显神通。

管理者要避免事必躬亲，做到合理授权，以充分挖掘下属的潜力，让其在工作中发挥所长，方能将工作做到极致。为此，管理者需做到以下几个方面：

第一，作为管理者，要保持谦卑的心态。任何时候管理者都不要认为自己是管理者，是团队中最厉害的，必须掌握团队的一切。在管理位置上待得太久，往往让管理者有一种不可一日无权的心态。这类管理者多具有强烈的权力欲望，认为只有事必躬亲，才能显示自己的权力。

然而，管理者必须清楚：要抓权必须要放权。这就需要管理者要用一种谦卑的心态去看待授权给下属，要试着脱下个人英雄主义的"外衣"，淡化英雄色彩。

第二，作为管理者，要相信你的下属。管理者既然选择让下属去做，就应以信任为本，放手让下属工作。怀疑是授权的大忌。

在工作中，一个原本干劲十足的员工，往往会因为被管理者怀疑而泄气，导致工作受挫、企业受损的后果。

相反，管理者如果相信下属会做好，则是对下属的尊重，也是对自己的尊重。

日本经营之神、松下电器创始人松下幸之助就是一位深知信任下属便是对下属最大的激励的管理者。

松下认为，授以难度稍高的工作，不仅是对下属的信任，也可以加速培养人才。昭和初年，就职才两年的一名年轻员工奉命以300万日元成立金泽分社，当时松下鼓励道："你一定能做到的，天底下没有你做不到的事。试想想，战国时代加藤清正等武将，都是在十几岁便闯天下的，明治维新时的许多志士也都是年轻人，何况你已经过了20岁，没有做不到的，不必担心，要有信心。"

最终，这名年轻的员工不负众望，顺利开办了金泽分社，并且取得了很大的成就。

正如斯帕茨将军的口头禅："我喝我的威士忌，别人把我的工作做好。"上文的松下幸之助真正做到了放权给下属，并大声说出自己对他们的信任，以鼓励他们把事办好。

第三，作为管理者，要用心培养你的下属。很多企业管理者常常感慨自己手下没有能人，不得不事事都亲力亲为。其实，管理者与其帮助下属做事，不如告诉下属做事的方法，正所谓"授之以鱼，不如授之以渔"。

第四，作为管理者，要做到对下属合理授权。

> 不适当的授权会给企业埋下隐患，合理的授权则会取得事半功倍的绩效。

（1）量体裁衣，视能授权。

诸葛亮伐北，街亭失守，过不在马谡，而在于他弃魏延而用马谡为先锋，是授权者选择对象不当所致。

管理者授权下属同样需视能授权。选定授权对象后，对于能力相对较强的人，宜多授一些权力；对于能力相对较弱的人，则不宜一下子授予重权，以免出现大的失误。

此外，管理者还需根据下属的性格特点进行授权：对于性格外向的人，宜授权以解决人际关系及沟通协调等事情；对于性格内向的人，宜授权以分析和研究等具体事宜。

（2）权责一体，合理控制。

职责和权力相符；授权要完整；授权要有层次；给予适当协助；授权要有控制。

> 授权加控制才等于授权，没有控制的授权只会导致管理混乱。管理者放权不等于放手：一要看住人；二要在授权后，掌控核心资源。

授权必须保证被授权者有多大的权力就应担负多大的责任，做到权责一体。只有这样，被授权者办起事来，才有行动的准则，才可根据客观变化的环境，及时作出应变措施，以免贻误商机。

管理者在授权时，要明确权限范畴和执行规则，即对下属做好控制，如下属如何汇报情况等。管理者虽然授以全权，但要能够掌控大局。

鲁国有个人叫阳虎，他经常说："君主若是圣明，当臣子的就会尽心效忠，不敢有二心；君主若是昏庸，臣子就敷衍应酬，甚至心怀叵测。"阳虎这番话触怒了鲁王，因此被驱逐出境。

他跑到齐国，齐王对他不感兴趣；他又跑到赵国，赵王十分赏识他的才能，拜他为相。近臣向赵王劝谏说："听说阳虎私心颇重，怎能用这种人料理朝政？"

赵王答道："阳虎或许会寻机谋私，但我会小心监视，防止他这样做。只要我拥有不被臣子篡权的力量，他又岂能得遂所愿？"

所以说，管理者既要善于授权，又要掌握核心资源，这样才能使企业管理轻松而不混乱；才能真正做到"置身事外"，达到"无为而治"的境界。

7. 为什么权力绝非领导力？

金蓝盟观点

领导力是带领企业实现梦想的能力，而不是不可侵犯的权力；管理者要像茶水一样让人慢慢地品，不要像烈酒一样刚烈伤人。

什么是真正的领导力？

成功学大师史蒂芬·柯维认为，如果管理人就像管理物一样，领导力就等于职位，而不是一种选择。不幸的是，许多有权威地位的管理者，对待下属就像对待物，缺乏理解，阻碍他们开发自身的才智、天赋与主动性，导致离心离德。

在新知识时代，领导力不是来自于头衔、排名或是地位，而是来自于道德权威；而道德权威来自于企业愿景、热情、纪律与良知。

一个时刻将自己得失、权力放在第一位的管理者，很难成为卓越的管理者。人有各种情绪：喜、怒、哀、乐、忧、思。试想如果一个管理者永远将自己的情绪放在第一位，那么势必造成这样的后果：

管理者遇到下属做不了的工作，不会进行冷静思考，大多习惯自己去"冲锋陷阵"，有时干脆就越俎代庖，在管理上表现为"一竿子插到底"。不仅如此，他们权力欲盛、喜好独裁、唯我独尊，不能接纳忠言，排除异己，将不同意见扼杀在萌芽状态。在企业内，习惯"一言堂"，"人治"大于"法制"，"感情管理"重于"科学管理"。

这是如今很多企业管理者普遍存在的问题。企业管理者对其自身权力得不到突破性地理解，最终使企业陷入混乱的泥潭、徘徊在危机边缘……

俗话说："一个篱笆三个桩，一个好汉三个帮。"

企业的管理者无论是在个人能力、思想水平还是在专业技能上都是比较优秀的。然而，这并不能成为企业管理者权力欲膨胀的理由。如果没有下属的配合及努力，即使管理者的本事再大也很难使企业快速发展。

团队意识和个人英雄主义在特定的条件下同时存在必然会产生一定的冲突和矛盾。如果处理不当，势必影响团队的整体战斗力。一旦个人的权力欲占据上风，企业利益就会被淡化，整个企业就会成为一盘散沙，不堪一击。

根据企业利益至上的原则，个人必须永远服从于企业利益。这样，管理者必须摒弃心中膨胀的权力欲，时刻以实现企业梦想为最终目的。

一次，两位厨师同时应聘某海鲜酒店的厨师长一职。

两人在进行了初试后，接下来将各自上岗试工一周，之后由老板决定聘用谁。

这家酒店因河蟹而著称。但是河蟹在进蒸笼之前，需用塑料绳将河蟹捆绑起来，几乎没有厨房员工喜欢这个工序。

对此，第一位试工的厨师很有管理头脑。在这一周内，他积极组织其他员工进行"绑河蟹比赛"，以此来调动大家的积极性。显然，其他员工谁都比不上他的速度——5分钟内他绑了20只河蟹，其他厨师最多的绑了13只！在比赛过程中，该厨师还扬言："你们怎么可能赢过我呢？我可当了10年厨师了。"

紧接着，轮到另一位应聘者上岗了。他也深知竞争的规则。于是，每天都号召大家来比赛。令所有人惊讶的是：这位厨师的速度并不快，虽然他的喊声最大，但是每次一开赛，他都会被其他员工远远落在后面。于是，其他员工经常以此来取笑他。对此，这位厨师并不在意，反而更有斗志地扬言要追上其他员工。直到一周结束了，他的速度依然没有提高上来。

两个人的试工都已结束，第一位厨师胸有成竹，其他员工也都认为这个职位非第一位厨师莫属，但录用结果却出人意料地是第二位厨师。大家纷纷议论：作为一名厨师长，干活的效率竟然比手下员工还慢，怎么服众啊？

此时，老板道出了其中缘由：第一位厨师虽然干活效率高，也能积极调动员工的情绪，但这周的比赛，他总是拿第一，让所有员工认为这是个不可能赢的比赛，如此一来，大家还能拿出真正的动力和积极性来吗？而第二位厨师虽然表面看来没有第一位厨师效率高，但他的"步步紧追"却推着大家既兴奋又紧张地拼命加快速度，这样，每个人都在无意识中提高了劳动效率。经检验每人平均可以绑18只，这样比以前提高了5只。而第二位厨师的真正效率是每5分钟25只。

对此第二位厨师说道："我是故意让大家赢的，因为只有赢才会给人自信和动力！我一个人少绑10只，没有关系。关键是大家的积极性由此提高了，这样，我们的总效率就提高了！"

作为管理者，其价值不在于个人为企业创造了多高的效益或者他具有多大的权力、地位，而在于他所带领的团队的整体效益如何！

输给下属，这是一位管理者的智慧和胸襟，也是团队梦想与个人英雄主义的较量。显然，领导力是管理者带领团队实现梦想的能力，而不是不可侵犯的权力欲。

管理者必须做到以下几个方面：

第一，要具有"纳谏"的气度。魏征说："国君之所以为昏庸，是因为他偏听偏信；国君之所以为明君，是因为他虚心纳谏。"俗话说，"宰相肚里能撑船"。尧、舜因能广开言路、采贤纳谏故被人们称为圣君，而隋炀帝则因疏远百姓、偏听偏信，最终导致整座江山毁于奸臣之手。

作为管理者就应有"纳谏"的胸怀和气度，切忌只听顺耳的话；作为管理者，如果只因拥有无上的权力就一意孤行的话，最终只会给企业带来重创。

第二，要相信员工的智慧，集思广益。管理者应该明确自己的角色。作为管理者，虽然拥有一定的权威，但是绝不能搞"一言堂"，成为脱离员工的独裁者。

晏子认为，人君应该广开言路，虚心纳谏。对于臣子、属下的话，绝不能拒之不理。天下万物都是积少成多，治理天下当然不能单靠一个人，对正确意见拒而不受，就会亡国。正所谓"人之将疾，必先不甘粱肉之味；国之将亡，必先恶忠臣之语"。

一次，晏子出使鲁国，鲁昭公问他，听取三个人的不同意见，就不会迷惑，我现在做事和全鲁国人商量，仍然还出乱子，不知是什么原因？

晏子一针见血地指出："您所接触的都是迎合您的人，听得再多也是众口一词，无异于一个人，连两个人都谈不上，哪里还谈得上三个人呢？"

治理天下需要广开言路，管理企业同样需要管理者做到集思广益，积极听取员工意见。在决策时，管理者必须充分相信集体的智慧。每个人的意见在交流中不断交汇、升华，不同的智慧在争辩中碰撞、闪光。集体的结论通常远远优于管理者的孤立论断。

第三，要倡导"求同存异、和而不同"的观念。和谐以共生共长，不同以相辅相成。管理者需倡导"求同存异"，保持"和而不同"的观念，这对于实现团队优势互补，保持团队平衡意义重大。

因此，管理者必须学会正视差异、学会欣赏不同，进而带领团队实现优势互补，完成共同的梦想。

第四，要深入实际，加强学习。个人英雄主义是个人主观臆断的结果，更是一种脱离实际的表现。管理者如果能够深入实际，充分了解企业的具体情况，就不会轻易出现个人英雄主义；就会从实际出发，以团队的共同梦想为目标。

管理者疏于学习，也是导致个人英雄主义出现的一个原因。如果管理者不断提高自身文化素养，对克服个人英雄主义也会有很大帮助。

在一个企业中，如果说员工是珍珠，那么管理者就是线，管理者不能总想着自己做珍珠放光彩，而应思考如何把珍珠串起来，使之成为一条美丽的项链，这样的管理者才真正具有领导的能力。

8. 为什么衡量管理效果先要看人气？

金蓝盟观点

衡量管理效果首先要看人气。

三国时期，曹操凭借财大气粗，收买了大批人才，打开了局面。然而，大多数的投靠者并不是忠心辅佐曹操之人，例如徐庶。徐庶虽然投靠了曹操，却"身在曹营心在汉"。

与此相对应的是，刘备打天下，诸葛亮一生追随其左右，提出《隆中对》，奠定了刘备的立国纲领，指明了其事业奋斗的方向，一辈子"鞠躬尽瘁，死而后已"。而关羽、张飞、赵云、马超、黄忠等武将也先后投靠刘备，成为生死与共的盟友。

寄人篱下、暂住新野小城的刘备，既没有曹操气魄大，也没有曹操手段多，但却得到众多手下的拥护和爱戴，人气极高。为什么？

因为刘备得到了人心，而曹操没有。因此，刘备所得到的忠诚与拥护也是曹操望尘莫及的。

曾国藩说："成大事者必以多得助手为第一要义。"做任何事，如果没有人愿意与其共同打拼，就算拥有全世界最伟大的理想和最完美的计划，也只能是孤掌难鸣。然而，怎样才能得助呢？

在这个世界上永远存着在两种管理者：一种是人气极高者。他们只需振臂一呼，必定应者云集。另一种是无人理睬的小角色，时常在势单力薄的困境中苦苦挣扎。

家和百事兴，人和万事顺。一个人生活在社会中，总要与他人进行交往，形成各种人际关系。对管理者来说，人际关系的好坏就是人气的高低。它对管理者能否实现目标有重大影响。

孟子曰："得道者多助，失道者寡助。"懂得聚集人气的管理者，就会得到很多人忠诚的支持、追随、帮助。优秀的管理者是能影响别人，使别人追随自己、与自己并肩作战；是能鼓舞周围的人协助自己朝着理想、目标和成就迈进的人。

高人气对管理者的工作能产生极大的推动作用，能使管理者得到积极、有效的帮助，利于有效地实现管理目标。

管理者如何提高人气？

第一，管理者要保持独立的为人处世的风格，尊重他人。杰克·韦尔奇说："在现代社会，竞争是必然的，但不能因为竞争，就去摧毁一切良好的人际关系。"尊重是人际交往中最基本的要求，所有人际交往的手段、技巧都建立在尊重的基础之上。管理者要有自己独特的人格魅力，能将心比心为他人着想，注意关心和尊重他人，有过人的风度和气度。

第二，与上级相处要有坦荡磊落的风骨，打造坚实的权力后盾。要打造坚实的权力后盾，管理者就要成为上级的得力助手，在工作上表现出魄力，在交往中做到谦虚谨慎。

第三，与同级相处要待之以诚心。同级之间合作是基础，但竞争也不容回避，管理者能否赢得同事的信任至关重要。同事之间相互信任，是成功合作的前提。在与同事交往时，在人品上获得信任比在能力上获得信任更有效、持久。

第四，与下级相处要真诚、公正、言而有信。下属是管理者的重要合作伙伴。管理者要经常与下属进行沟通，时常表达关心和爱护，努力培养自己的追随者，建立起互相信任、互相体谅的上下级关系。

人作为社会的一员，不可能通过一个人的努力就取得成功。只有在很多人直接或间接的协助下才能取得成功。因此，在现代企业管理中，管理者在注重个人能力的同时，也要注重群体力量，努力提高自己的人气。如果管理者与群体成员之间人际关系融洽，能互相理解、互相帮助，管理工作才能顺利进行。

态度决定事业高度

美国西点军校有一句名言："态度决定一切。"作为管理者，没有什么事情是不能做或做不好的，关键是态度问题。因为态度是行动的前提，拥有正确态度，管理就已经成功了一半！对待生活和工作的态度，在很大程度上决定了管理者事业的高度。

9. 为什么信任源于沟通？

有效的沟通，能使管理者与员工互相产生信任感，形成一致的价值观，愿意为彼此共同的目标而努力奋斗。沟通是管理者取得员工信任，从而对企业进行更好的管理的重要环节。

经过激烈的竞争，阿尔伯特从一群应聘者中脱颖而出，获得了一份销售工作。但在勤勤恳恳干了大半年后，阿尔伯特的工作非但毫无起色，反而在几个大项目上接连失败，给公司带来了一定的损失。而与阿尔伯特同时进公司的几个同事却个个都做出了成绩。

于是，每当阿尔伯特看到同事们嘀嘀咕咕，他就总觉得别人是在议论自己，而经理似乎也开始故意让自己坐"冷板凳"了。

在一个夏天的傍晚，阿尔伯特因为实在忍受不了这种痛苦，写了辞职报告，走进经理办公室说出了辞职的想法。正忙于分配工作的经理听了，随即停下手头的工作，开始询问阿尔伯特想要辞职的具体原因。

经过一个多小时的交谈后，经理说："阿尔伯特，我感到非常抱歉。由于我一直忙于工作，疏忽了与你的交流，为此，我现在正式向你表示道歉。但当初招聘时，我面试了 200 多人，最后却只录用了 3 个人，而你就是其中一个。我深信，既然你能在应聘时得到我的认可，也一定有能力在工作中得到客户的认可，你缺少的只是机会和时间。我相信我没有用错人。继续努力工作吧。"

听了主管的话后，阿尔伯特愤怒的情绪逐渐平复下来，也终于明白一切的不愉快原来只是自己的心理在作祟。

一年后，阿尔伯特连续 7 个月在公司销售排行榜中高居榜首，成了公司当之无愧的业务骨干。

我们完全可以试想一下，如果主管听到阿尔伯特辞职的请求，依然继续手中的工作对其不予理睬，结果会怎样？如果主管看到阿尔伯特的辞职报告，一语不发，并迅速地签字，结局会如何？如果阿尔伯特看见忙于工作的主管时，只是有礼貌地将辞职报告轻轻地放下转身离去，结果又会怎样？如果阿尔伯特听了主管的话后，依然气愤地摔门而去或大吵大闹，结局又会如何？

任何一个人都不可否认，没有沟通，就没有信任；而没有信任的管理就如同空中楼阁。所以管理者只有通过更好地沟通才能赢得员工的信任，从而把员工的信任转化为行动力，更为有效地达到管理目的。

> 沟通成就信任，信任成就管理。

没有沟通，就没有信任，而没有信任的管理则是一种貌合神离、缺乏活力的机械行为。

只有充分沟通，才能形成相互信任。只有以信任作为基础，各个班底成员才会表现出对管理者的尊重和跟从，才会不折不扣地执行其所下达的工作指令。作为一个管理者，想要得到他人或下属的信任，沟通是关键。

如何与被管理者有效沟通？

第一，多样化的沟通渠道。现代社会科技发达，多元化的沟通渠道可以打通时空间隔，为管理者与被管理者间的沟通省去诸多顾虑和不便。

被管理者对企业的许多问题都会有自己的看法，如果沟通渠道不畅，问题就会积少成多，最终影响到管理。管理者需要保证每个员工都能顺畅地提出意见并得到答复。

另外，管理者也可采取座谈、以匿名的方式进行定期调查等，了解被管理者对公司、管理者以及工作的看法。

第二，适宜的表达方式。进行沟通时，管理者要善于运用面部表情、声音、手势、体态等各种表达方式。管理者的一个眼神、一个微笑，甚至轻轻拍一下下属的肩膀，都会带来意想不到的沟通效果。

另外，在同一个组织中，由于年龄、教育和文化背景的不同，管理者要选择相应地变换不同的表达方式。

第三，在双方进行充分的沟通之后，管理者要就沟通的结果给出回馈或进行讨论。

借助于沟通，管理者可了解员工的关注点，然后找出解决问题的办法，并努力付诸实施。而被管理者因为自己的意见受到重视，自然会对管理者产生信任。如此一来，则形成良性互动，最终达到管理者想要的管理效果。

沟通的过程就是广泛征求意见和建议的过程，是发挥员工主动性参与企业管理的过程。通过有效的沟通，管理者可以使自己的决策和主张得到员工的广泛支持与信赖，从而提高执行的效率和成功的概率。

日本经营之神松下幸之助说："企业管理过去是沟通，现在是沟通，未来还是沟通。"对管理者而言，提高管理水平最好、最直接的方式就是通过沟通，由被管理者直接反映问题所在。而这一切，都取决于坦率与信任。

10. 为什么管理要先观而后动?

金蓝盟观点

> 管理者要做"垃圾桶"。听到好的坏的消息都要先装进来，不要在装的过程中就采取动作，要先观而后动。

人们常说，做事要三思而后行。但在日常的工作生活中，许多人往往会在情绪冲动时做出令自己后悔不已的事情。因此，学会先观后动，对自己的情绪进行有效的管理和调控是获得成功的重要基础。

部门主任刘建"嗖"的一下从座位上站起来，"啪"的一声，把手中的文件夹用力地摔在了办公桌上。所有人都被这突如其来的声响吓了一跳，办公室里顿时静得连针落到地上的声音都能听得到。而站在他面前的李延更是吓得微微抖了一下，本来要解释的话，一下全被吓回肚子里去了。

"你怎么办事的！这么简单的一件事情，我都跟你说了多少遍，还不知道？要是真干不好你就走人！"刘建说完这句话的时候，嗓子几乎都要扯破了。

看着同事们的眼睛齐刷刷地看向自己，本来有些愧疚的李延这时已经变得愤怒，顺口就回了一句："走就走！"

看着李延扭身走出办公室，刘建意识到自己的急脾气又坏事了，不禁叹了口气，重新坐回座位上。

通常，在经历一场情绪的暴风骤雨后，问题往往不会得到根本的解决，反而不受控制地往更糟糕的方向发展。虽然不同时间、不同地点发生的情景可能不完全一样，但这样的画面对于很多人来说可能并不陌生。不管是对管理者还是对其他任何人而言，批评或者斥责表明他已经被负面的情绪所控制。在这个时候，他所说出的话、作出的决定，通常只会对事情的发展起到破坏性作用。

愤怒的情绪是一种能量，如果不加控制，它会泛滥成灾；如果稍加控制，它的破坏性就会大减；如果合理控制，甚至可能有所创益。

自1992年在苹果公司做经理以来，李开复就一直是多数员工心中的"好管理者"。李开复认为，在世界一流的企业里，管理者最需要的是情商而不是智商。

> **作为管理者，遇事要先观而后动。**

作为管理者，遇事要先观而后动。这就需要管理者加强对自己情绪的管理、控制能力。因为，能力不好不一定成功，但是情绪管理不好一定不会成功。能够控制情绪是大多数工作的一项基本要求，尤其是对于管理者更是如此。

有研究报告显示：优秀的管理者与一般的管理者在"情绪控制能力"方面有明显差异，甚至心理特征的好坏对能否胜任这一岗位起到了决定性作用。

正如戴尔·卡耐基所说："一个人事业的成功，只有15%是由于他的专业技术，另外的85%要靠人际关系、处事技巧。"

同时，心理学家也通过研究表明，人对自身情绪的控制能力不是与生俱来的，在很大程度上，它是由后天的培养而形成的一种素质和修养。

如何做到先观而后动？

第一，进行冷处理。愤怒的情绪往往会蒙蔽了人的双眼。要想有效地处理问题、控制自己不被情绪牵着鼻子走，在必要的时候，我们可以采取"缓兵之计"——暂时离开，把自己从当时的情境中抽离出来。

经过冷静之后，我们就会发现自己对于同一件事情的态度可能会改变。当然，我们也可能不会改变。但当我们控制情绪的能力变得更强后，往往能更加有效地表达自己。

另外，在没有充足的时间进行考虑时，我们可以在回应之前进行深呼吸，或者在停留几秒钟后再给出回答。

第二，换位思考。人同此心，心同此理。好的管理者，应该常常站在对方的角度想问题。当对方没有听从自己的意见而做错事或做得不够完美时，管理者首先要了解对方对待事物的想法和信念是否与自己的想法及信念一致。

在此基础上，管理者再判断对方目标是否是可协调、可达成一致的。若目标能协调一致，管理者更应该努力让对方知道该如何改进原有的不足。这里需要注意的是，管理者要避免直截了当地表达，应采用协商的语言进行沟通。

第三，及时沟通。在批评犯错误的员工之前，管理者首先要肯定对方做得好的地方，然后再提出具体建议，最后管理者还应该总结经验：通过这件事，学到了什么。这样不仅能让管理者达到批评的效果，也能让被批评的员工感觉得到了应有的尊重。

第四，转移注意力。世界上没有完美的人和事，判断一个人或一件事时，关键是选择自己的注意力集中在哪里？是注意优点，还是注意缺点？情绪亦是如此——看问题的积极方面，可以产生乐观的情绪；看问题的消极方面，则会产生悲观的情绪。所以管理者必须学会控制自己的注意力以达到调控情绪的目的。

其实，成功学大师奥格·曼狄诺早在很多年前就已经告诉我们："弱者任情绪控制行为，强者让行为控制情绪。"作为管理者，我们必须努力管理好自己的情绪，以豁达开朗、积极乐观的健康心态带领企业走向更辉煌的巅峰。

11. 为什么抱怨导致失败，赏识促使成功？

金盛盟观点

抱怨导致失败，赏识导致成功。作为管理者，我们要用成熟的思维模式来解决所面临的问题，不要抱怨。因为抱怨是"口癌"，会使团队陷入苦闷之中。

哲人詹姆士说："人类本质中最殷切的要求是渴望被肯定。"换句话说，被肯定是人类的本能需求，而赏识的过程正是一个人获得肯定的具体表现。

被赏识具有一种改变行为的能量。当被管理者获得肯定时，便会感觉获得了莫大支持，增强了自我价值，从而变得自信、自尊，获得一种积极向上的动力。为了避免对方失望，为了维持此种巨大支持的连续性，被管理者会尽全力达到对方的期望。

可以说，任何一个人都希望获得赏识与赞美。当管理者传递的是一种积极的期望，被管理者就会主动要求进步得更快、更好。反之，若向其传递消极的期望，则会使被管理者自暴自弃，放弃努力。

从管理的角度讲，赏识就是管理者善于发现，甚至是用放大镜的效果"看"被管理者的"闪光点"。

　　某公司又成功拿下了一个大项目，于是部门主任带领几个下属去打保龄球。玩了一会儿，根据主任的提议，大家开始分成两组进行比赛。与主任一组的汪洋一球击倒了 7 个瓶子，还有 3 个稳稳地"屹立"在那里。因此，汪洋的表情有些尴尬。

　　这时，作为同组的主任可能会有两种反应：一种是主任使用激励的话语表示自己的赏识：真厉害，一下就打倒了 7 个，不简单！那么，相应的，汪洋可能会有以下反应：我刚才注意力还不够集中，下次一定打得更好！另一种反应是主任发出抱怨：哎呀！怎么还剩 3 个没有打倒呀！你是怎么搞的？如果是这样，汪洋则可能会有这样的反应：我已经打倒了 7 个，要是换了你，还不一定比得上我呢！

　　两种不同的做法和语言，前者传达的是管理者对被管理者的赏识，于是相应地产生了一种激励的作用，使事情往成功的方向发展；后者则是管理者在发出抱怨，于是被管理者就有可能会产生抗拒、逆反心理。在接下来的时间里，事情可能会往更为糟糕的一面发展，最终导致失败。

　　戴尔·卡耐基说："当我们想改变别人的时候，为什么不用赞美代替责备呢？纵然下属只有一点点进步，我们也应该赞美他，只有这样才能激励别人，不断地改进自己。"

> 　　做领导就要用成熟的思维模式来面对事实，不要抱怨，要团结一致、正确谋划。过多地抱怨和责怪，只能加剧矛盾，不利于集思广益，有时甚至会失去身边得力的助手。

　　通用电气的前任 CEO 杰克·韦尔奇说："给人以自信是到目前为止我所能做的最重要的事情。"被管理者渴望得到赏识，赏识应该来自于对他们的事业最有影响力的人，那就是他们的直接管理者。管理者是最有能力为被管理者提供其所渴望得到的赏识的人。

吴丽是个沉默害羞的女孩，进入现在工作的企业已经两年了，虽然在工作上没出现过什么大的失误，但也一直表现平平。随着时间的流逝，吴丽对自己感到越来越失望，工作时常显得无精打采。

然而，在刚进入公司时，吴丽工作也曾热情高涨。她曾信心满满地递交过一份精心准备的策划案。但在几天后，部门经理不但没有赞赏吴丽积极主动地工作，反而批评她一心二用，不专心本职工作。从此以后，吴丽工作的热情一落千丈，再也不管"闲事"了。

今年年初，新来的部门经理发动所有员工为企业新的策划文案出谋划策，要求每个人都要提交一份报告。为了应付此事，吴丽随手把原来的那份策划案交了上去。

几天后，部门经理找到了吴丽，笑着向她表示祝贺："你的那份策划案我看过了。创意非常不错，你一定是下了不少工夫。但里面还有一些细节需要修改，你能尽快把它改好并重新交给我吗？"

那天，当所有同事都下班后，吴丽却一个人留了下来修改报告。在连续加班三天后，吴丽终于修改完了策划案。

几天后，吴丽的策划案在公司董事会上得到了通过。此后，开始主动学习起草合同、参与谈判……连她自己都感到惊讶，原来自己还有这么多潜能可以发掘。

美国"钢铁大王"卡内基选拔的第一任总裁查尔斯·史考伯说："我认为，我能够使员工鼓舞起来的能力，是我所拥有的最大资产。而使一个人发挥最大能力的方法，就是赞赏和鼓励。"

从吴丽的变化，我们可以看出：在不被重视和激励，甚至充满负面评价的环境中，人往往会受到负面信息的左右，对自己作出比较低的评价；而在充满信任和赞赏的环境中，人则容易受到启发和鼓励，往更好的方向努力。随着心态的改变，相应的，人的行动也会变得越来越积极，最终做出更好的成绩。

管理者如何更好地运用赏识？

当被管理者出现失误时，赏识就显得更为重要了。而当你想到赏识的时候，你首先会想到什么？是提拔、津贴、礼券、奖金，或者是奖状？物质上的奖励是表示赏识的必要手段，但绝不是全部。

身为管理者，要想打磨出优秀的员工，不可缺少的是赞美员工的勇气和信心。明智的管理者，真诚欣赏员工的每一次进步，在赞美的过程中，强化员工的长处，弱化员工的短处，在潜移默化中让员工感知正确的做法。

管理者要做到有效赏识，就必须确保包含有效赏识四个基本要素中的至少一个：

第一，给予赞扬。以简洁明了的语言对被管理者某些固有优点给予赞扬。当然，赞扬的话语要恰如其分，不能太夸张。最为关键的是，赞扬要及时，不要等到年终总结回顾时才来赞扬，最好看见就说。如此一来，被管理者就能在较为愉快的情绪中接受工作任务。

第二，给予机会。机会是有效赏识的一个非常重要的因素。当被管理者在工作中出现失误时，不能直言训斥，而要与其共同分析原因，找出改进的方法和措施。在适当的时机，给被管理者一些新的机会，鼓励并相信这一次他一定会做得更好。

第三，给予尊重。管理者如果不尊重自己的下属，那么，无论你其他方面做得多么好，也只能达到事倍功半的效果。

面对被管理者存在的缺点和不足，管理者应该尽量采取保护其自尊心和自信心的态度与方法。如果认为自己的下属都是"饭桶"、一无是处，并经常在公共场合批评指责下属，那么他们可能就真的变得一无是处了。

管理并无多少技巧可言，但为什么同一个员工在一个部门表现平平，在另一个部门却能成长为有突出能力者呢？这其中可能有很多因素，而"会管理"的因素尤为重要。

中国有句古话："士为知己者死。"每个被管理者都渴望得到对自己的事业最有影响力的管理者的赏识。管理者若能在作决策的时候考虑到其需求、想法或建议，则是对其价值最有力的认可和赏识。

因此，成功的管理者都是赏识管理的行家。

12. 为什么唯有感恩别人，才能成就自己？

> 一个懂得感恩的人，一定是具有良好修养、以诚待人的人；一位懂得感恩的管理者，一定是得道多助的人。

感恩是一种良好的生活态度、生存智慧和品德素养，同时也是一位优秀管理者的必备品质之一。世界潜能激励大师安东尼·罗宾认为，成功的第一步就是先存有一颗感恩的心，时时对自己的现状心存感激，同时也要对别人为你所做的一切怀有敬意和感恩之情。

查理是个有魄力但又专制的经营者。经过一生的经营，他所创办的公司迅速成长为全美知名企业。但由于管理方法落后，加之经营不善，查理的公司逐渐陷入困境，员工纷纷跳槽。

由于事业上的危机，加之以身体上的病痛，不久后，查理就带着遗憾离开了这个世界。

查理去世后，儿子小查理临危受命。小查理在上任的第一天就召集留下来的员工开会，并诚恳地宣布："我非常感谢大家能够在公司最困难的时候选择留下来。为了表示感谢，从今天开始，所有员工的工资均增加10%，工作时间也将缩短。接下来，公司的命运就完全担负在诸位的肩上了，希望大家一起努力工作，拯救我们自己的公司。"

在场的所有员工听了小查理的话后，都睁大了眼睛，不敢相信自己听到的一切。因为就目前的情况而言，似乎只有减薪加班才是挽救公司的唯一办法。但谁也没想到，小查理不但不减薪，反而给大家加薪 10%，而且工作时间大大缩短。公司上下立即士气高涨。

一年后，小查理的公司迅速扭转了亏损局面。

管理者如何做到感恩？

第一，要有一颗感恩的心。一个人最大的不幸，不是得不到朋友的"恩"，而是得到了，却漠然视之，把一切都当做是理所当然的事情。因为感恩是一种能力，更是获得能量与能力的途径。

第二，停止抱怨，为工作的赐予而感恩。感恩，是一条人生的基本准则，是一种人生质量的体现，是一切生命美好的基础。

第三，承担责任、履行职责是最好的感恩。一位优秀的企业管理者，不仅是创造利润的社会个体，也是承担社会责任的载体。歌德说，感恩是一种责无旁贷的责任，也是需要铭记并履行的义务。学会感恩、担当责任，这不仅是管理者生存和发展的重要方式，也是其持续进步的动力。

"羊有跪乳之恩，鸦有反哺之义"，中国人信奉"投之以桃，报之以李"。感恩是管理者的做人之本，感恩而不忘恩，感恩于自己的下属、感恩于自己的上级、感恩于自己的同事、感恩于曾给过自己帮助的所有人。

行动决定工作成果

《世界上最伟大的推销员》中有这样一句话："我的幻想毫无价值，我的计划渺如尘埃，我的目标不可能达到。一切的一切毫无意义——除非我立刻付诸行动。"的确，"一万个想法，抵不上一个行动"，只有行动才能成功。

一旦付诸行动，我们就要满怀激情、果断决策、专注行动，直至成功！

13. 为什么激情不足是行动力的第一杀手？

> 激情不足是行动力的第一杀手。如果激情是零，即便后面执行的能力再强，执行的策略再好，行动力依然是零。

拿破仑·希尔说："行动是成功的最高法则。"一个人最终能获得成功，是因为他的行动力要比别人快几倍甚至几十倍。在认准事情之后，他会以最快的速度、行动迅速占领市场，并义无反顾地坚持下去。

而作为管理者，现实生活中，你是否总被无穷无尽的琐事包围，产生分身乏术的感觉？你是否终日忙碌却收获甚少？你是否觉得越忙越乱，越乱则越迷惘？

如果答案是肯定的，就说明你和你的团队缺乏行动力！

然而，行动力又从何而来？

激情决定行动力。激情是行动力的来源。激情若不足，则会成为行动力的第一杀手。

孙正义，日本软银集团创始人、世人公认的能将任何梦想变成现实的神奇男子。他曾说过这样一句话："我在创建软银公司的时候，没有资金也没有经验，更没有生意上的关系。唯一有的只是激情和一个渴望成功的梦想。"

23 岁时，孙正义完成学业从美国返回日本，创立了软银公司。新公司开业的第一天，孙正义站在一个装水果的箱子上，对仅有的两名员工发表演讲："公司将在未来 5 年内销售规模达到 100 亿日元，10 年内达到 500 亿日元，发展成为具有几兆亿日元、几万人规模的公司。"

两名员工听得目瞪口呆，不久他们都辞职了。然而，对于孙正义来说，这些在别人看来疯狂而虚无缥缈的目标绝不仅仅是用来鼓舞人心的口号，而是源自他内心深处的激情。

在激情的驱动下，孙正义带领着软银公司一路高歌，最终成长为当今世界上最大、最成功的风险投资商之一。

激情是一种神奇的力量，它可以融化一切，创造一切。从很多成功的管理者身上我们常常能看到一种叫做"偏执"、"专注"的性格特点。其实，从某种程度上来说，他们的偏执往往来自于他们强大的行动力，而他们的行动力则来自于内心的激情。正是激情所迸发的无穷力量支持这些成功的管理者们创造了一个又一个奇迹。

如何激发员工的工作激情？

有人说，著名职业经理人唐骏在台上只要一开口，你就会感觉他是在跳一支爵士舞，就会被他的激情所感染。

在唐骏认为，做任何一件事，一旦拥有激情，成功的概率就会大得多。而激情也是他在公众媒体上说的次数最多的一个词。唐骏自己就是一个激情的管理者、狂热分子。一旦接触某项工作，他就会觉得那份工作比其他任何工作都伟大，人生最精彩的时间就在当下。

在激烈的市场竞争条件下，衡量一个管理者是否优秀、是否具有非凡领导力的一个很重要的指标是：能否提高下属的工作激情，将其潜能最大限度地发挥出来。

由于激情是一种情绪，因此它还有延续性的问题。所以，对员工的激情靠什么来维持，就成为管理者必须认真考虑的问题。

作为管理者，不仅自己要有工作激情，还要努力提高下属的工作激情。通过各种各样的方法将员工对工作的热爱激发出来，使之转化为能量，从而将员工的潜能充分释放出来，形成一种冲击力，提高其自身与企业整体的能力。

管理者激发员工的工作激情主要有以下两种方法：

第一，实现开放沟通，建立沟通机制。真诚的沟通可以化解误会，排除管理上的障碍。

第二，为员工提供良好的发展机会及福利待遇。这种方式可以激励员工的斗志，让他们觉得自己很重要。此外，管理者要相信每个员工都有所长，都有能力成就一番事业，这对激发员工的工作热情也极为重要。

美国生产力研究中心在一篇报告中指出："90%~95%的人认为，意识到自己工作杰出是非常重要的自我激励因素。事实上，这比与工作表现相关联的具有吸引力的薪金更重要。"

"每天早晨醒来，一想到所从事的工作和所开发的技术将会给人类生活带来的巨大影响和变化，我就会无比兴奋和激动。"比尔·盖茨曾用这样一句话来阐释他对工作的激情。在他看来，一个员工最重要的素质，就是他对工作的激情。

激情是一种洋溢的情绪，是一种积极向上的态度，更是一种高尚珍贵的精神，是对工作的热衷、执著和喜爱。激情同时也是一种力量，使人有能力解决最艰深的问题，推动着人不断前进。

事实上，有了工作热情，才能有行动力，才能证明工作能力，才能取得丰富的工作成果。

14. 为什么要果断决策，即刻行动？

金牌助观点

管理者要果断决策，更要迅速行动。

作为管理者，为了追求尽可能的完美，你是否曾拖拖拉拉地处理那些对你来说十分重要的事情？你是否会因为错过了自己需要做或想要做的事情而感到焦虑或内疚？为了使事情能尽可能完美地解决，你是否经常错过解决问题的最好时机？

古希腊著名哲学家苏格拉底曾语重心长地对他的学生说："在一块麦地里，肯定有一棵麦穗是最大的，但你们未必能碰见它；即使碰见了，也未必能作出准确的判断。因此最大的一棵就是你们刚刚摘下的那棵。"

销售部的李林急匆匆地走进王阳的办公室。还没等王阳说话，李林就一边喘气，一边把一个消息告诉了王阳："我们公司一直关注的那家民营工厂因为资金周转出现问题，厂长打算把厂房卖掉。但工厂的老板有一个附加条件：买方必须要帮他把所欠的一部分债务还清。"

听了李林的话，王阳也兴奋起来。公司为了那个厂房已经与工厂的老板进行过多次交涉，公司能给出的价格已经很高，对方却一直都没答应。现在对方提出的附加条件虽然有些苛刻，但从长远考虑，公司还是会从中获益不少。

王阳马上吩咐办公室人员去准备合同。但转念一想，这件事是不是先向上层请示一下更为稳妥。于是，王阳就拨通了电话。

第二天，在得到公司上层的肯定后，王阳与李林带着准备好的文件资料赶赴工厂。但让他们万万没想到的是，就在两个小时前，对方已经把工厂卖给了别人。

因为举棋不定的心理，王阳失去了最佳的决策时机。有人说，我们生存的这个时代已经不再是"大鱼吃小鱼"，而是"快鱼吃慢鱼"的时代。适者生存是一个颠扑不破的真理，谁的反应慢，谁被淘汰出局的机会就大。

在这个竞争激烈、瞬息万变的时代，再好的决策也经不起拖延。思虑太多，会阻碍迅速作出决策。

美籍华裔企业家王安博士说："犹豫不决固然可以免去一些做错事的机会，但也失去了成功的机遇。"

管理者的决策总是针对一定环境和条件的。这就要求决策方案的制定不仅要有创新精神，而且要求决策方案的制定和实施要讲究时效。同一个方案，早制定、快实施，可能得到巨大的效益；晚制定、慢实施，就可能减少效益，甚至适得其反，因为它已经失去了赖以存在的条件。

管理者如何才能做到果断决策？

非洲有一个古老的传说：当太阳升起时，羚羊从睡梦中一醒来就知道，它必须比跑得最快的狮子更快，否则就会被吃掉；而狮子也知道，它必须比跑得最慢的羚羊快，否则就会饿死。因此无所谓你是羚羊还是狮子，只要太阳一升起，你就得开始奔跑，否则就可能面临死亡。

古代兵家讲："用兵之害，犹豫最大。"一位优秀的管理者，在关键时刻必须要拥有超人的决断力。

第一，果断地思考。果断地行动源于果断地思考。通过自我交谈以及仔细考察自己和他人的权利，能够促使你果断地思考。

①要问为什么——明确目的。这个选择只要适合，而不追求最好。

②要问干什么——明确目标。所制定的目标只要有可行性即可付诸行动，在行动中追求完美可以继续不断修正原目标。

③要问怎么干——选择途径。大致看清楚一个方向后，企业就必须全力进取，才能够有所突破。在没有全力进入新方向之前，没有人可以准确地看清前行的道路，为了抓住机会，管理者必须作出果断的决策。

第二，迅速地行动，而不是等到条件都完美了才开始行动。管理者必须在问题出现的时候就行动起来，并把它们处理好。管理者既要善于选择，还要学会放弃。当我们选择了 51% 的价值时，就要毫不犹豫地放弃 49% 的机会成本，全力把 51% 变成 100%。

果断是管理者良好的思维品质。我们必须学会务实，必要的时候要降低目标，赢得时间。时代在发展，思维要提速，决策要缩短时间，这样才能从容应对复杂多变的局面。

英特尔公司创始人格鲁夫在回忆英特尔转型时说道："路径选错了，你就会死亡。但是大多数公司的死亡，并不是由于选错路径，而是由于三心二意，在优柔寡断的决策过程中浪费了宝贵的资源，断送了自己的前途，所以最危险的莫过于原地不动。"

15. 为什么行动就要专注？

金蓝盟观点

老老实实、全神贯注地把一件事情做完，然后再接着做另一件事。如此一来，既可全力以赴，又可在做其他事情时不会有后顾之忧。

太阳表面的温度在 1 万度以上，这样的温度高不高？答案当然是肯定的。然而，当太阳光照射到地面上时却连一张小纸片都不能点燃。为什么？

首先是太阳离这张白纸太远，距离越远，作用力就越小；其次是太阳大部分热量都被大气层折射和损耗掉了；最后是太阳过于分散自己的能量。阳光普照的结果就是任何地方都有阳光，但任何一个地方的阳光温度都不高。

但是，我们依然有办法让太阳把纸点燃，靠什么？靠聚焦。当我们用放大镜把太阳的光聚焦到一点时，就可以把纸点燃。

同样的道理，管理者在进行管理时能做的事情非常之多，如果像太阳光一样把精力分散到每一个角落则可能什么都做了，但什么都没做好。因此，管理者也需要把精力"聚焦"：专注抓主要矛盾，牵牛鼻子、抓关键环节。

楚王热爱捕猎，在认真向一个神箭手学习射箭本领后，本领大增，即使是在一百步以外，也可以轻而易举地射中靶心。

有一天，楚王来到野外打猎。这时，楚王看到了一只山羊。正当他瞄准时，一只梅花鹿跑了出来。于是，楚王不由自主地又把箭瞄准了梅花鹿。

就这样，楚王一会儿想打这个，一会儿又想打那个，结果山羊和梅花鹿全跑了。楚王最终什么也没有打到。

打完猎回皇宫的路上，楚王觉得自己的射箭技术这么好，却没有发挥的余地，感到很沮丧。神箭手似乎看出了楚王的心思，就在楚王的四周放了四个箭靶，并交给楚王一支箭，请楚王同时射中四个靶心。

楚王一听很吃惊："这怎么可能？一支箭一次只能射中一个方向的靶心。""这就对了，如果不能全神贯注地把精力放在一个目标上，什么都想射，就只能射空了"神箭手说道。

现实生活中，很多管理者可能依然在犯与楚王同样的错误。而人的精力和能力是有限的，一次只能做好一件事情。这个也想做，那个也想做，最终导致什么都做不好。

1933 年，松下公司决定投资开发小马达。于是，松下幸之助就委任一位非常优秀的研发人员中尾，担任新产品研发部部长。

中尾在接受任务后，对部下买来的通用电气生产的小马达，着迷地进行拆卸与研究。

有一天，松下幸之助正好经过中尾的实验室，看到中尾如此认真地工作，非但没有表扬，反而狠狠地批评了他："我欣赏你的技术才能，但你的管理才能实在是太让我感到失望了！现在，公司的规模已经相当大了，研究项目也日益增多，你即使一天干48小时，也无论如何完不成那么多工作。所以作为研究部长，你的主要职责就是制造10个，甚至100个像你这样擅长研究的人，我相信你能做到。"

松下幸之助为何要骂中尾？因为按照松下幸之助的原意，他是要派中尾做管理者的。然而中尾却在堆积如山的工作中抓不住工作重点，一心干起了技术人员的活。

对于中尾来说，其真正的工作重点是培养100个像自己一样优秀的人才，关注工作的目标、工作计划、员工的工作环境等，而不是一头扎入茫茫研究工作中，依然习惯于所有的事只靠自己一个人搞定。

管理者如何做到专注？

第一，明确自己的工作职责。在自己的工作岗位上应该做哪些工作，应该怎样去做。

第二，集中精力做一件事。把处于次要地位的工作先放在一边，而且要坚决。

第三，委托或移交给下属去做。所有的工作都需要做，但不一定都由管理者本人做。管理者可将其中部分移交给别人，或者另找一个时间处理。因为即使能力再强的人，他的智慧和力量都是有限的，因而贡献也是有限的；唯有团队集体的努力和贡献，才有可能创造出"石破天惊"的奇迹。

第四，做好自身和工作环境的准备。在这个过程中要树立具体的工作目标、制订工作计划。

目标是一切工作的基础，管理者需要根据既定的目标来设计并组织开展相关的活动。因此，管理者一定要时时关注自己和团队的目标，让自己和团队的精力尽可能地用在"刀刃"上。

计划是帮助我们实现特定目标的一套行动方案，它就像路线图，不仅能规划出行动的最佳路线，还能在遭遇困境时指明返回原路的捷径，然后根据实际需要进行及时调整。

老一辈无产阶级革命家董必武说："精通一科，神须专注，行有余力，乃可他顾。"管理的目标应该是让管理者和被管理者工作得更轻松、更高效。

因此，在解决问题时，管理者应该首先专注于解决最紧迫、最重要的事情。在解决完最重要的问题后，再依次解决其他事情。只有如此，才能保证管理者有足够的时间和精力去做其最想做和该做的事情。也只有这样，管理者的工作才可能有条不紊地开展，才有可能轻松地应对现实中的各种挑战，顺利实现工作目标。

16. 为什么执行要完全彻底？

金蓝盟观点

执行是执行人和制度之间一个融合的过程。无论多么健全的制度，如果没有执行人去保证执行，也不过是句华丽的空话。

三国时期，与司马懿在街亭对战时，诸葛亮一时不知挑选谁来带领军队。马谡自告奋勇表示愿意带兵守街亭，并立下了军令状。

于是，诸葛亮指派将军王平与马谡随行，并对马谡千叮万嘱。马谡一一答应。

但在军队到达街亭后，马谡不但不听取王平的建议，执意要驻兵山上，还无视诸葛亮的嘱咐，未将安营的阵图送回本部。不久，司马懿围兵山下，切断了蜀军后方补给。

魏军看准时机，不断发起进攻。不久后，马谡兵败如山倒，失守街亭。

正是因为马谡执行时的脱节，最终导致街亭失守，为蜀军以后一系列的战役埋下隐患。同样地，在市场竞争日益激烈的今天，企业与竞争对手的差别就在于双方的执行能力。

美国 ABB 公司董事长巴尼维克说："一位管理者的成功，5%在战略，95%在执行。"

有这样一个故事，山西有一家民营企业，因经营不善破产。一位来中国投资的日本企业家在进行考察后收购了该企业。

所有人都在期待着日本企业家能带来一些让人耳目一新的管理方法。但让人没有想到的是，日本企业家在接手企业后却什么都没做改变：人不变，制度不变，机器也不变。日本企业家只提出唯一的条件：坚定不移地执行原来的制度。一年后，企业扭亏为盈了。

日本企业家只用了一招：执行，完全彻底地执行。

现代企业不缺少雄韬伟略的战略家，缺少的是精益求精的执行者；更不缺少规章制度，缺少的是对规章制度不折不扣的执行者。没有执行，一切都是空谈。在企业管理中，没有执行，无论多么完美的决策或目标都不可能成功。

战国时期，孙武与吴王谈论带兵打仗之事。为了实践孙武提出的战术，吴王提议让孙武带领众宫女练兵。在把 100 多个宫女分成两队后，孙武任命吴王宠爱的两个妃子为队长。

在练兵开始之前，孙武首先将操作方法与纪律给宫女和嫔妃做了详细的解释。

练兵开始后，孙武向两队人马发出向右看的指令。但两队人马却只知嬉笑玩闹，对指令不予理睬。在这种情况下，孙武又把练兵的操作方法与纪律向众人重申了一遍，并要求作为队长的两个妃子以身作则。

当练兵重新开始后，孙武发出向左看的指令，但宫女与嫔妃依然只是笑个不停，对命令不予理会。

最后，孙武喝令把吴王的两个爱妃杀了。当孙武再次发出指令时，队员的一切动作都变得整齐划一。

如何才能做到彻底执行？

第一，管理者要参与执行。管理者参与到过程的执行中，并不是要削弱其他人的权力，而是一种更好的积极融合。管理者常常会从更加细小的环节入手，根据自己的理解不断提出新问题，将企业存在的问题公之于众，并最终号召大家一起来解决这个问题。

第二，以科学的程序为保障。要成为优秀甚至卓越的管理者，就必须通过科学的决策和执行程序来提高企业的执行力。

（1）制定目标，并将计划的任务层层分解，将年度计划落实到部门与具体的行动上。

制定目标时一定要清晰、量化。这就要求做到让目标可度量、可考核、可检查，本身不能模棱两可。

在此过程中，最重要的就是要将企业的奖惩制度和执行力结合起来。

制定目标要有明确的时间表，讨论决定了的事情，一定要知道什么时间开始做，什么时间能完成。

（2）各个岗位的责、权、利一定要明确。

目标一旦确定，就能更坚决执行，很难推诿。

（3）进行过程管控。

目标制定后不能单靠员工、靠下属自我约束，自我管理，必要的时候，管理者要随时进行监控和指导。

（4）执行要有反馈机制，并形成管理工作闭环。

通过反馈机制，能从链子断点及时得到信息，从而做到在大问题上防患于未然。

执行就要完全彻底。比尔·盖茨就曾坦言："微软在未来 10 年内，所面临的挑战就是执行。"

无论多么宏伟的蓝图、多么正确的决策、多么严谨的计划，如果没有严格高效的执行，最终的结果都会和我们的预期相差甚远，甚至是纸上谈兵。

水温升到 99℃，还不是开水，其价值有限。只有当温度再升高 1℃，才能使水真正沸腾。同样地，即便是执行 99% 的情况下，也依然与 100% 执行所呈现的结果有质的差别。

人才开拓成功出路

"为政之道，要在得人"、"得人者强，失人者亡"。如今，人才成了推动企业健康发展的力量源泉，关系到企业的生死存亡。人才是创新、变革和高绩效管理的关键要素；人才是竞争优势的第一来源；人才是管理者管理范畴内最前沿、最核心的问题。现代企业的核心竞争力越来越表现为管理者对作为第一资本的人才的拥有、培育和运用能力。

17. 为什么管理必须 "以人为本"？

> 人是工作的主体，企业的决策依赖于人；企业方针政策的执行依赖于人；企业发展的好与坏取决于人；因此企业管理者必须树立 "以人为本" 的管理思想。

一天，福特公司的一台马达坏了，公司所有的工程技术人员没有一个人能把它修好，无奈之下福特公司只好另请高明。几经寻找，终于找到一位流落到美国的德国工程技术人员——坦因曼思。他原在德国工作，后来流落到美国，在一家小公司里工作。

到现场后，坦因曼思先在马达旁听了听，然后要了个梯子，一会儿爬上一会儿爬下，最后在马达的一个部位用粉笔画一道线，写了几个字——

这儿的线圈多了 16 圈。工作人员按坦因曼思的要求把多余的线圈去掉后，马达果然立即恢复正常。

公司创始人亨利·福特知道此事后，非常赏识坦因曼思的才华，就极力邀请他来福特公司工作。让人意想不到的是坦因曼思却谢绝了福特的邀请。视"才"如命的福特自然不肯轻易罢休，再三追问坦因曼思不肯来福特公司上班的原因。最后，坦因曼思不得不明确地告诉福特："我现在的公司对我很好，我不能忘恩负义。"

福特闻言后一愣，内心更加欣赏坦因曼思了，马上对他说："那我就把你供职的公司买下来，这样你就可以来福特公司工作了。"后来，福特真的为了得到坦因曼思买下了他所在的那家小公司。

为了一个人才不惜买下一家公司，亨利·福特对人才的重视程度让现代的管理者惊叹不已。

比尔·盖茨也曾经这样说："如果可以让我带走微软的研究团队，我可以重新创造另外一个微软。"

透过这些大人物对人才的重视，我们应该认识到：人才是推动企业健康发展的力量源泉，是企业不断发展的决定性因素，甚至关系到企业的生死存亡。

现代的企业核心竞争力越来越表现为对作为第一资本的人才的拥有、培育和运用能力。只有拥有了充足的人才，企业才能实现跨越式的发展。

所以，企业管理者必须把更多的时间和精力投入到加强和改进企业人才队伍的建设上来。

我们大致可以把管理者分为三流、二流、一流三个层次。

三流的管理者以物为本。这样的管理者大多守着一家小企业，只求能够看好自己的资产，想着如何通过降低成本来提高企业的利润。

二流的管理者以财为本。这样的管理者大多掌握着一定的资本，他们最关心的是怎样使自己现有的资本能在最短的时间内快速增长。在他们看来，不管通过什么途径，只要能使资本最快地增值，他们就心满意足了。

　　一流的管理者以人为本。这样的管理者大多被称为"企业家"，他们往往拥有具体的事业，能够创造事业并发展事业。他们最关注的是如何在自己的企业建立一套完整、高效的管理体系，不断追求把事业做得更大更强。他们最看重的企业资本不是物，不是财，而是人。在企业管理中，他们始终坚持"以人为本"的经营理念。

企业管理者如何做到以人为本？

　　企业管理者应从以下四方面做起：

　　第一，树立正确的人才观。凡是能适应企业发展要求给企业带来效益的人，都可称为人才。企业管理者只有尊重人才，充分重视并关心人才，才能使企业获得长久的发展。因此，企业管理者要实施人本管理，首先应树立起正确的人才观。

　　现代的企业管理者要具有深邃的目光、多维的视角，在招募人才、选用人才上摒弃任人唯亲、嫉贤妒能的狭隘人才观；要广泛挖掘各方面、各层次的人才资源，培养复合型人才并谋求人才的科学组合，以发挥整体效能。管理者只有做到唯才是举，企业才能充满生机与活力。美国在人才问题上擅长"拿来主义"，用外来人才大兴本土经济，这对中国的企业管理者具有很好的启示作用。

　　第二，实行人性化企业管理。实行人性化企业管理要求管理者一方面要注意利用和发挥人性中有利的一面，另一方面要对人性中不利的一面加以抑制，在企业管理中采取人性化的、灵活的管理方式。管理者不能只依赖理性的约束和制度的规定来对待人才，而要在实现企业共同目标的前提下，尽可能给人才更多的"个人空间"。

　　人性化管理可以融入企业管理中的每一个过程、每一项活动，主要体现在企业的每一项制度或每一个举措，都有员工积极参与其中。团队型参与管理模式是人本管理的高级阶段。

尽管现代管理理论提出：企业的管理者为 7~13 人时，对企业的管理最有效，但是通用电气的总裁韦尔奇却将通用公司的管理者由数十人扩大到上百人。韦尔奇的做法在常人看来是不可思议的，但是，他的做法却很好地激发了员工的热情，他们积极地参与到公司的管理中，收到了非常好的效果。韦尔奇的安排使得企业每级管理人员不得不向下属授更多的权，让下级的自主性得到了充分发挥，使基层人员的意见能很快地反映到公司的决策层。

此外，作为公司总裁的韦尔奇几乎向公司里的所有员工都发出过他亲手书写的便条；经常与比他低几级的经理共进午餐；喜欢突然视察工厂和办公室……他所做的一切，只是为了让员工感受到他对员工的重视与关注。

韦尔奇的管理之道打破了僵化的制度，充分体现了他对人才的尊重，对员工天性的释放，达到了理性与人性的完美结合。

第三，实施人力资源战略。企业之间的竞争表面看是产品竞争，其背后是技术竞争，而深层次则是人才竞争。人是企业的主体，是确保企业竞争优势的决定性因素，是企业最重要的资源。现在是"人性回归"的时代，企业人力资源开发的根本目的在于人的全面发展，所以"以人为本"就成了一切企业管理活动所必须遵循的首要原则，实施有效的人力资源战略（如人力资源开发战略、调整战略、考核管理战略等）也成为现代企业的共性之一。

在现代企业中，造就"学习型组织"是企业人力资源管理的首要功能，是强化企业竞争力的必由之路。因此，企业人力资源管理要从战略设计、培训与发展、评价与激励、组织设计与控制等几个方面入手，逐步提升企业的人才素质，为企业的发展提供强大的后盾。

第四，营造"以人为本"的企业文化氛围。只有企业文化才能将实现企业目标变成员工的一种自觉行动，将遵守规章制度变成员工的个人准则。所以，管理者在企业内真正营造起"以人为本"的企业文化氛围是实现以人为本的企业管理的思想基础。

20 世纪 60 年代日本企业的迅速崛起，导致企业文化理论的提出。由于日本企业文化强调对人的尊重、理解、关心和依靠，强调要发展人和服务人，所以日本的企业在获得快速的发展与巨大成功的同时，也向人们宣告了成功企业的企业文化的根基就是"以人为本"的管理理念。

管理者应从战略高度尽快营造出人才辈出、人尽其才的良好企业环境，把丰富的人力资源转化为人才资源优势，以人才优势赢得竞争的胜利。因此，加强和改进人才队伍建设，是振兴企业的根本任务。

2007 年，英特尔大中华区从亚太区正式分立（级别上与亚太区平行），杨旭成为执掌大中华区的不二人选。21 年间，杨旭凭着对中国市场的深入了解，在企业内长期有效地推行人才战略，出色地领导英特尔中国区不断快速地发展，终于从亚太区分立出来，同时他也一步步走向自身事业的高峰。

业内人士纷纷发表评论，称英特尔大中华区的分立，离不开杨旭长期的积极推动和出色领导。的确，杨旭作为企业管理者做得很出色，始终高举人才战略的大旗，使英特尔大中华区得到了飞速的成长，终于可以独当一面。在他担任分立后的大中华区总经理时，更开创了英特尔任用本土经理人的最高人事任命纪录。

有人问杨旭为何在企业管理中始终把人才战略放在第一位时，他微笑着说，21 年来英特尔"以人为本"的价值观在不断地锤炼与熏陶着他，潜移默化中英特尔的 DNA 早已深入他的骨髓了。

管理者必须立足现实，正确认识并解决好企业面临的人才矛盾，以调整人才结构为主线，把人才队伍建设纳入企业改革发展的总体布局。在企业的重要岗位上，管理者要广纳群贤，坚持德才兼备的原则，做到不拘一格选人才。

管理者要坚持以人为本、人才强企的战略，牢固树立科学的人才观，要时刻牢记"人才资源是企业的第一资源"的观念，在实际管理中要有爱才之心、识才之智、容才之量、用才之艺、育才之见，满腔热情为人才服务，在企业里形成尊重人才、重视人才的浓郁风气。

18. 为什么人才选拔是王道？

金盘盟观点

　　选才是人力资源体系的基础，是企业的重中之重。企业管理者选对了人，事情就成功了一半，可以收到事半功倍的效果。

　　李老板创办公司已有好几年了，从开始创业到现在，他几乎每天都忙得焦头烂额，只恨自己分身乏术。

　　公司设有好几个部门，每个部门都有相应的经理人，不幸的是，这些部门经理经常如流水般不断变换。出现这种局面的原因是李老板在选人的过程中往往以自己的眼光来选拔人才：他看不上眼的，不愿招进来；他看得上眼的，招进来后又发现80%以上的人在后来的工作中与他的期望相差很远，最后只好换人……

　　部门经理的频繁替换致使公司的大小事都靠李老板一人操劳。选不到合适的部门经理慢慢地变成了李老板心中的一个痛。对此，李老板逢人便诉苦：为什么找到合适的人才就那么难呢？

　　管理大师德鲁克认为，人事决策是最根本的企业管理。伟大领袖毛泽东曾把领导者的主要职责形象地概括为两句话，"一是出主意，二是用干部"。

　　选人、用人是管理者的基本职责之一，是成功的管理者不可或缺的一项技能。然而，许多的管理者并没有对选拔人才给予足够的重视，他们在选拔人才时往往以自己的眼光作为选人的尺度，而没有投入足够的时间和精力，致使选出的人才在后来的工作中不能满足他们的期望，给企业带来一系列的问题。

有人说如果一个管理者不愿意在选人上多用 1 个小时，那么他很可能在以后要多用 100 个小时来收拾他选人错误所带来的残局。

通用电气公司的原董事长雷吉·琼斯在选接班人时，用 7 年的时间考察杰克·韦尔奇后才作出让其作为自己的接班人的决定，这一事件成为通用电气公司历史上甚至是管理界最经典、最成功的人事决策之一。

管理者如何正确选拔人才？

有人说在管理者的工作中，7/10 的时间是在考虑选人、用人，可见选人、用人的重要性。要做到合理地用人，首先要科学地选人。要做到科学地选人，管理者可把下面三种选人的方法结合起来使用：

第一，观察法。常言道："察其言、观其行，而后知其心。"管理者在选拔人才时要认真观察待选人的一言一行，从中体察其性情。

第二，笔试法。管理者可通过让待选人回答管理者事先设计的问题，来考察被选人的能力。其中的问题最好要把专业问题和企业的实际问题结合起来。

第三，职业测评。

职业测评具体可分为以下四类：

①心理测试。可通过一些心理学的测评测试，比如斯特劳量表、哈佛的一些量表等，作为企业人力资源管理部门心理学的测量表。

②性格测试。对待选人进行个人性格测试和气质测试，从中管理者可体察出待选人对工作是否肯干的态度。肯干是职业化的硬功。肯干有六个方面的表现：一是态度好，二是想法正，三是敢负责，四是较强的执行力，五是能忍让，六是顾大局。

③能力测试。主要是考察待选人的专业知识和技能，由此可看出待选人是否能干。能干是职业化的基本功，主要体现出人才自身的才能。作为企业的职业化人才，就要在时代和市场环境的冲击下激发职业拓展力，练就"操盘力、聚心力、沟通力和洞察力"。操盘力表现在计划有套路、实施有归位、检查有跟踪、调整有步骤；聚心力表现在对下属宽严相济、恩威并施、奖罚分明；沟通力表现在做到上级有支持、同级有配合、下级不拆台；洞察力表现在处理好各种冲突、减少压力、降低内耗。

④忠诚测试。通过让待选人做一些敬业度和忠诚度的测试，查看待选人是否可靠。可靠是职业化的"内功"，主要体现出人才的道德理念。衡量人才的标准不仅仅是看他的本领有多高，更重要的是看他是否忠诚可靠：不能自立山头拉帮结伙；不能造谣生事，给企业制造问题；不能假公肥私，利用手中的职权为自己弄黑钱；不能阳奉阴违；不能贪污受贿，损公肥私；不能阴谋哗变。

德与才是人才不可或缺的两方面，有德无才，难以担当重任；有才无德，终究要败坏企业，所以管理者在选人时一定要兼顾德与才。

> 选拔符合企业标准的人才，需要注意员工筛选手段的选择，充分体现"效益最大化"前提下的"人才最优化"原则。

对人才做好具体定位，可使管理者在选拔人才时有针对性地采用不同的方法，最大限度地做到"人才最优化"。

第一，基层员工。对于操作性强的基础工作，管理者可以采用工作任务完成法作为选人的最优方法。例如在选拔机床操作工人时，在同等条件下，实际动手操作最熟练的应聘者更可能胜任工作。需要注意的是，这类人员的学历要求不应过高，以免与基层管理人员之间的层次重叠，尽量降低管理层级的复杂度。

第二，基层管理人员。对于基层管理人员，管理者可用专业笔试和面试相结合的方法来选人，这样可以花费最低的成本最高效地选出相对优秀的人才。对基层管理人员的选拔，不应过度强调学历，但也不能忽视，应该选拔在一定学历基础上又具有很好专业基础和综合素质的人员，以增加基层管理人员的稳定性和再造性。

第三，中高层管理人员。对于中高层管理人员的选拔，应适当考虑从业资历、专业知识层次，并依据管理方向的不同选择角色扮演、公文筐测试、小组互动测验等方法或各方法的不同搭配，特别重要的岗位还应辅以心理测试法。除了选拔中的表现之外，还应重点考察应聘者此前的工作实绩和一贯表现。

选对人才可以成就一个企业；选错人才也可以毁掉一个企业，因此，作为企业管理者必须要练就一种"慧眼识英雄"的本领，这样就可以避免因选错人给企业带来的损失。

19. 为什么识人、用人是管理者的必备能力？

金盘盟观点

科学的人才战略要求管理者在用人时做到合理地量才、尽才。"量才"即通过先进的人才理念、合适的企业标准和科学的考察办法衡量人才；"尽才"即让二流人才做出一流的业绩。

在一片茂密的森林里，住着一只威武的狮子。因为勇猛无敌，它在这片森林里一统天下，成了这里的霸主。为了进一步开拓自己的疆域，狮子决定向邻近的另一片森林开战。

出征前，狮子举行了御前军事会议，并派出大臣昭告百兽，让大家根据各自的特长，担负起不同的工作。于是乎大家都根据各自的特长迅速地找到了适合自己的工作：大象驮运军需用品，熊冲锋杀敌，狐狸出谋划策当参谋，猴子充当间谍深入敌后……唯有驴和野兔一时没有找到自己的工作。

此时，有的动物就向狮子建议说："大王，咱们把驴子和野兔放走吧，它们对战争毫无用处。驴子的反应太慢了，野兔容易动摇军心。"

"不行！绝对不能那样做！"狮子坚定地说："驴子和野兔在战斗中也能发挥出它们的作用。驴子可担任司令兵，因为它发出的声音可使敌人闻之丧胆；野兔动作迅速敏捷，在战场上是非常好的联络员。"

动物们觉得狮王说得很有道理，便不再反对，各自为战争做起了积极的准备工作。

战争爆发后，每只动物都在战场上最大限度地发挥出自己的长处，果然所向披靡，大获全胜。狮王的精明安排也获得了动物们的一致称赞。

常言道："兵随将转，无不可用之才。"作为管理者，你可以不知道下属的短处，却不能不知道下属的长处。

优秀的管理者总能明智地识别人才，因地制宜地运用人才。识人和用人是管理者必备的能力。

能不能识人、用好人，是企业兴旺发达的关键。管理者要想用好人，必须首先能够识人。识人是基础，用人是核心。

那么，如何识人呢？企业管理者可从做事、做人两个角度来考量人才：

第一，做事。"做事看本领"，通过做事观察具体人才的观念意识，解决问题的思路、套路和专业技能。

①观念意识。观察当事人是否有快速的反应。企业管理者把一些新的观念和意识传导给人才时，可通过他对新观念的反应看出其领悟与转化能力。

②解决问题的思路、套路。面对某一问题，当事人要有一定的思路和套路，才能解决它。

③专业技能。高端人才更倾向于综合性专项技能的考察，专项人才则是一般专业技能的考察。如生产经理要精通生产管理，品管经理要精通品质管理，销售经理要精通销售运营等，不同岗位的人才要具备不同的专业

76

技能。

第二，做人。"做人看人品"，即看人才做人的品质。主要看他是否具备人情练达、规则认知、品德良好这三个方面。

①人情练达。很多人认为自己有能力就可以成功，其实不然，因为能力的上面还有友善的人际关系这一层。许多人才虽然才华很高，但是因为没有友善的人际关系，事业发展之路受到了很大的阻碍。

②规则认知。世界上的事和人都存在一定的规则，有的人懂得做人处世的规则，能够较好地适应生活，而有的人却不能做到这一点。

③品德良好。良好的品德是做人的根本，也是管理者用人时需特别关注的一点。管理者可以容忍人才在性格上有这样或那样的小问题，但是坚决不能用在品德上有问题的人才。

管理者如何运用不同的人才？

企业里有一些特殊人才，管理者要善用狂才，挽救奴才；同时要辨别空才，剔除乱才和废才，善待谏才。

管理者通过一番考量，可把企业里的人才大致分为如下六种：

奴才：这种人卸肩献媚，卑躬屈膝，没有原则，并且善于揣摩领导的心思，为人谨慎，精于奉迎，喜欢拍马屁。

谏才：这种人刚直不阿，敢说真话，坚持原则，直来直去，很像古代的谏官，因而称其为谏才。

空才：这种人喜欢纸上谈兵，夸夸其谈，自大才粗，目中无人。

乱才：这种人是害群之马，具有极强的煽动力和蛊惑性，像蛊惑仔一样造谣生事，扰乱军心。

狂才（大牌，又叫做大腕儿）：这种人认为自我能力很强，业绩很好，功高盖主。

废才：企业当中也有一些废人——"推拖拉，等靠混"。

以上这些特殊的人，管理者要仔细辨别，区别对待：管理者要善用狂才，挽救奴才，要辨别空才，剔除乱才和废才，善待谏才。

此外，在企业中，由于个人思想素质、业务素质和心理素质不同，人才表现出来的角色也不同，归纳为人物、人才、人手、人渣四种，管理者也要区别对待：

人物：这种人在企业中有非常大的影响力和号召力，有自己独立的思想体系和世界观，管理者应注重发挥其在团队中的带动力。

人才：这种人能够规划出具体的事情，会分配，懂领导，掌握专业知识。管理者把其安排在某一工作岗位上，他能够尽职尽责。

人手：这种人能够操作具体事情，多为劳务性工人。比如修公路、盖高楼的建筑工，车站、码头的装卸工等。管理者对这种人要多加关心。

人渣：这种人有三个特征：搬弄是非、传播流言和低绩效。这种人对企业危害极大，管理者必须认清并及时除掉。

由于员工个性不同、能力不同、业绩不同，管理者在具体用人时也要分门别类、有的放矢：

有个性的员工：要宽宏大量，充分考虑他们的个性和特长，尊重他们的选择，创造良好的氛围。

过于敏感的员工：多表扬他们做得好的部分，使用数据管理监督考核，不要更多地刺激他们，建议他们将不满意的地方改进。

业绩平平的员工：帮助他们制订个人计划，定期总结，用公司的愿景吸引他们，加强感情交流。

年轻与年老的员工：发挥年轻人的工作干劲，用好的激励机制引导他们多作贡献；充分利用老员工的经验，多做年轻人的老师。

消极悲观的员工：指出他们的态度已经影响了其他员工，多做沟通交流，充分调动他们的工作热情。

不受欢迎但有能力的员工：帮助他们建立良好的人际关系，发挥其工作上的长处，多分配一些需要合作的任务。

总之，管理者要具备识人、用人的能力，坚持任人唯贤、德才兼备的用人观，树立"文凭不等于水平，身份不等于资格，经验不等于能力，好人不等于能人，无过非英雄"的用人观念，科学合理地运用好人才战略，人尽其才，才能人企共赢。

20. 为什么优秀的管理者非常重视人才的培养？

金盟观点

管理者要有考核、培养人才的能力，不能把培养人才压在领军人物一个人的身上，要重视梯队建设。

"世界第一CEO"杰克·韦尔奇说："我的主要工作是培养人才。我就像一个园丁，给公司750名高层管理人员浇水施肥。"

联想的缔造者柳传志说："除了需要敏锐的洞察力和战略判断力外，培养人才，选好接替自己的人，恐怕是企业领导最重要的任务了。"

真正高明的管理者会将培育人才作为自己最重要的任务，因为他们知道自己不可能在同一岗位上永远做下去，好的接任计划能预见企业未来的管理需求，减小管理者离任给企业带来的不良影响。

1993年，摩托罗拉CEO办公室的重要成员乔治·费舍离开摩托罗拉，出任柯达CEO。由于CEO是公司最高级别行政长官，所以CEO的突然离职通常会导致企业内部混乱和管理层断层，然而乔治·费舍的离开并没有使摩托罗拉产生上述情况。当年《纽约时报》发表主题为《摩托罗拉将安然无恙，谢谢！》的文章。

这种结果的出现与摩托罗拉的"CEO办公室"观念分不开，是公司培养管理者一贯性机制的良好结果。摩托罗拉一向十分重视对人才的培养，公司管理者坚信只要给员工提供完善的培训与学习的机会，适合企业的人才队伍就会不断成长、壮大，企业的发展也有了充足的动力。

摩托罗拉还认为，真正的人才只能在不断的学习与磨炼中产生。摩托罗拉创始人保罗·盖尔文即使是传位给儿子，也要求儿子像其他摩托罗拉人一样从基层做起，经过多年的学习与锻炼，一步步走向管理岗位。而先力时和雷诺等公司由于缺乏人才的培养计划，当领导人出现意外时，公司顿时陷入一片恐慌，业绩也随之迅速下滑，与摩托罗拉形成了鲜明的对比。

我们也许听说过通用电气（GE）的总裁从上任之日起就开始物色自己的接班人，还知道中国的一些优秀企业因为一时找不到合适的接班人而动荡不已。这说明，管理者能否按正确的方向培养人才，帮助他们不断地成长、壮大，决定了管理者能否做到科学地育人、合理地用人，也决定了企业发展的好坏。

管理者如何培养人才？

人才的培养是一个长期的过程，需要管理者和人才共同努力。在这一过程中，人才自身的素质和学习态度固然重要，但管理者培养人才的方法也不容忽视。

联想是如何培养人才的？柳传志曾将联想内部成功的管理总结为三个要素：搭班子、定战略、带队伍。20 多年来，联想集团正是在"培养—能力增长—做更大的事"的原则下，不断培养和锤炼企业的人才队伍。

联想集团培养人才的第一个方法叫"缝鞋垫"与"做西服"——培养一个战略型人才如同培养一个优秀的裁缝，应该让他从缝鞋垫做起。鞋垫做好了，才能做裤子，最后做西装。即培养人才不能揠苗助长，操之过急，必须要脚踏实地，一步步走向成功。如郭为，一开始进入联想从秘书做起，岗位先后变动达十余次，最后才一步步地走到了神州数码总裁的位置。

联想集团培养人才的第二个方法是"从赛马中识别好马"。集团的管理者认为最好的培养人才方法就是让他做事。在联想，几乎每年都会有数十名年轻人因为能力超群，从众多的人才中脱颖而出，得到提拔。如今，联想集团许多部门的主任经理都由干过人的年轻人担任。

联想集团培养人才的第三个方法是训练年轻人搭班子、协调作战的能力。集团始终强调：联想能够不断取得骄人业绩的一个重要原因就是联想集团有一个"团结、坚强的领导班子"。在训练年轻人协调作战的问题上，柳传志在通过言传身教来培养人才的同时，还把一些具有可塑性的人才集中到总裁办，让他们一起讨论那些需要决策的项目，以便使这些人才逐渐形成一个团结坚强的班子。

此外，联想集团已由强调中央集权的"大船结构"管理模式向集权分权相结合的"舰队"模式逐步转变，更强调对部门和个人的尊重，通过实现个人成就感来激励年轻的人才。

通过一系列卓有成效的培养，联想集团拥有一大批能力与素质都很高的核心人才，组成了一个团结、高效的领导班子，使联想在众多昙花一现的企业的陪衬下，绽放出耀眼的恒久光芒。

在人才的培养过程中，针对不同的人才，管理者可使用百种手法、万种技艺来描绘人才《百春图》，但是有一点是不变的：无论培养什么样的人才，管理者都要用心来理解他们、呵护他们。

管理者不仅要有育才之心，还应该掌握育才之术，自觉地在工作中循循善诱，并为人才施展才能、成长进步提供必要的条件及环境。

第一，应为人才提供良好的发展平台，并与人才共同设计合理的职业生涯规划。管理者可在适当的工作上对人才进行授权，使其得到锻炼机会，能在一个相对自由、权责明晰的空间内最大限度地发挥自己的能力。培养下属的过程中，管理者还要不失时机地激励下属，以激发其主观能动性。

在培养过程中，管理者要根据人才自身特点采用不同的方法，创造不同的培养模式，更好地适应人才的知识结构和性格特点；并与人才一起规划出合理的职业生涯，使其明确自己日后的大致发展方向，对未来有一份憧憬。这样他就会明确自己的目标，尽力实现个人与企业的最佳组合，充分发挥自己的才智，为理想努力奋斗。

第二，应帮助人才学习各种知识和技能，提高其各方面的能力。培训是育人的提升工程，管理者要把对人才的培训当做企业人力资源战略最重要的工作。在对人才的培训中，要把理论文化培训与在职人员的敬业培训、管理能力培训、自我开发意识培训等结合起来，通过知识、专项技能等培训，使人才的能力得到全面的提升。

第三，应重视人才的梯队化建设，在企业内创建育人的机制。

①要有人才成长的台阶机制。管理者应在企业内有计划、有步骤地开展不同层次的特色培训，大力提升人才的技能与素质，促进普通人才向"复合型"高端人才的转变。

②要有拔高用人的使用机制。在企业用人实践中，有些年轻人才到企业后没多久就得到管理者的提升，后来这些被拔高重用的年轻人，大多取得了不错的工作业绩。如此看来，在企业管理中，管理者应该在适当的时机，选择适当的人才拔高用人，这样一方面可把公司的管理团队流动起来，解决企业无人可用的问题；另一方面也能体现出管理者的知人善用和广阔胸襟。

③要有后来居上的进步机制。管理者要善于发现并合理运用人才，对企业里那些有能力的后来人才要大胆地委以重任，不断提升其职位。

依靠这三种育人机制，实现人才的梯队化建设，达到人才无断层、交接有把握、政策有引力、领导有核心的人才战略目标。

此外，管理者要认识到：人才的培养是一个漫长的过程，自己要有耐心，不能操之过急；对人才要表现出充分的信任，这样更有利于提升他们的自信心和积极性；对人才所犯的错误，应给予善意的指评，旨在帮助他们认识并改正错误，绝不能轻易伤害人才的自尊心。

总之，要使普通员工变成为企业持续作出贡献的人才，管理者就要不断地对其进行培养。

> 人才工程关系到企业战略工程的成败和实施，人才储备同样是企业的战略决策。

人才储备是指根据企业发展战略，通过有预见性地选择一些人才进行培训和岗位培养、锻炼，使人才的数量和结构能够满足企业进一步发展的要求。人才储备是对人才进行前瞻性的选择与培养，为企业的经营发展提供长期稳定的战略服务。

企业管理者最关注的是企业的未来，因此为企业的长远发展而进行的人才储备就成为一项事关大局的工作，管理者一定要给予充分的重视。

最优秀的管理者甚至会更早地为一些关键性职位制订接班计划，以免在最后一刻采取行动，造成不必要的损失。例如：法国的一家液气公司，每隔一年半就会对其"战略职位"进行综合考察，然后排列出6人作为接班人；而DRH公司的做法更是超前，管理者往往在刚刚任命了一个人后，就要开始考虑接替他的人选。

德鲁克对管理的经典定义："管理就是界定企业的使命，并激励和组织人力资源来实现这个使命。"培养下属，责无旁贷。

管理者培养人才对于企业组织而言，其作用不亚于"香火传递"，要使企业实现可持续发展，管理者一定要有意识地培养各类人才。

协作力挺卓越脊梁

一个民族如果没有协作力将无所作为，一家企业如果没有协作力则将成为一盘散沙。正所谓："同心山成玉，协力土变金。"单打独斗的时代已经过去，团队力量的发挥已成为企业和管理者赢得竞争胜利的必要条件。我们需要一个团结协作的团队。

21. 为什么简单组合是团体，有机组合是团队？

> 团体是简单的组合，有时是行政意义上的组合。团队则是有机的组合，它是科学、有序的整合。

什么是团队？在认识团队的概念之前，我们可以先来看两个故事，第一个故事：

在美国，每一年的职业篮球赛结束之后，人们都会带着满腹的期待去观看"梦之队"的比赛。

"梦之队"的队员是从各个优胜队中挑选出来的最优秀的球员。在球迷的眼中，强强联合的"梦之队"将会在全美掀起新一轮的篮球风暴。但不久之后，球迷们开始感到失望："梦之队"总是输多胜少。

我们接着看另外一个故事：

在一个小城，瞎子、哑巴与跛子三个人为了相互间能有所照应，便一起住在一间小房子里。

但不幸的是，有一天，房子突然起火了，被围困在小房子里的三个人一时都急得不知如何是好。能看见路的跛子走不快，走得快的哑巴又说不出话来，能说的瞎子却又找不到逃生的路。虽然逃命要紧，但平时相依为命的三个人谁也不肯丢下谁。这时，风助火势，情况越来越危急。

情急之中，瞎子让哑巴驮跛子，由跛子指引哑巴找到出口，瞎子紧随其后。最终，三个人顺利逃出大火，避免了一场惨剧。

在此我们可能会有一个疑问，为什么个体强大的"梦之队"竟让球迷们感到失望，而身体各有缺陷的三个残疾人却让人感到震撼？

原因可能有很多，我们可以从两者最明显的差别找原因。通过比较，我们可以看到，两者之间一个很大的不同就是：三个残疾人组成的是一个紧密的团队；而"梦之队"却只是一个临时组合的团体，并非真正意义上的团队。

英国心理学博士贝尔宾被称为"团队角色理论之父"，他认为："没有完美的个人，只有完美的团队。"

瞎子、哑巴与跛子三人在单独行动时虽然都因各自的缺陷难有作为，但当他们组合在一起时却能形成一股"1+1>2"的团队力量。而"梦之队"的队员虽然个个都是最顶尖的篮球种子选手，但是由于他们平时分属不同球队，难以培养团队精神，不能形成有效的团队攻击力。

由此我们可以得出团队所具有的一些基本特点：它并不是一群人的机械组合，而是一个拥有共同目标，成员之间相互依存、相互影响、真诚协作，追求集体成功的组合。

管理学家罗宾斯这样定义团队：团队就是由两个或者两个以上相互作用、相互依赖的个体，为了特定目标而按照一定规则结合在一起的组织。

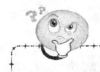

第一，团队目标集中。克劳塞维兹将军说过："没有比战斗力的集中更卓越、更简单的战略法则了。"而有人在把战争的原则浓缩时，只使用了一个词：集中。

人的力量总是有限的。这就像拉车，50个人往50个方向拉，太多目标就是没有目标。激光能发挥其独特的能量是因为它的高度集中，而团队能发挥个体所没有的力量同样也是因为其目标集中。在一个团队中，只有在目标清晰明了的情况下，团队才能更好地形成合力。

第二，团队关系和谐互动。一个团队是否和谐直接关系着团队的命运。在关系和谐的团队中，其成员各尽其能、各得其所。

第三，团队工作方法力求创新。事物总是发展变化的，随着时间的推移、环境的变化，团队也会相应地进入其不同的发展阶段。因此，团队就需要不断地创新，做出相应的调整。

在一档谈话节目中，当主持人问盛大网络董事长兼CEO的陈天桥："你成功的秘诀是什么？"陈天桥说："我的团队。"陈天桥在创业时就组建的团队，共有5个人，时至今日，一个都不少。陈天桥坦承："如果没有团队，只凭个人的力量，纵使自己表现得再完美，也难创造很高的价值，盛大也不会走到今天。"

所以说，团队和一般意义上的群体不同，它是一个有机整体，团队成员除了具有独立完成工作的能力外，同时具有与他人合作共同完成工作的能力。

22. 为什么管理者必须有自己的团队？

> 一个没有团队的管理者不但操心、费力，而且还吃力不讨好，苦不堪言。有团队的管理者不但能发挥集体领导的作用，而且会集中集体的智慧和能量，众人划桨开大船。

俗话说，"单人不成阵，独木不成林"。个人的力量总是有限的，在现代企业里，当工作远远超出个人能力或精力的承受范围时，只有依靠团队的力量，才能最终达到目标。

汉高祖刘邦在"运筹帷幄，决胜于千里"方面，他比不上张良；在治国、爱民、用兵方面，他没有萧何的万全之策；在统率大军方面，他不能像韩信一样百战百胜。

刘邦不是最强悍的个体，之所以最终在群雄争霸中夺取天下，正是因为他有一个紧密而强大的团队。

如何打造一个强有力的团队，这是一个需要管理者认真思考的问题。

"贞观之治"是中国古代历史上最令人称羡的黄金时代。在唐太宗李世民统治期间，唐朝国力强盛，一个重要的原因就是李世民有一个强大的团队。

在一次宴会上，唐太宗让王珪评论在场众大臣的优缺点，并比较王珪自己在哪些方面比他们优秀。于是，王珪回答说："一心为国操劳，所有事都亲力亲为方面，我比不上房玄龄；知无不言、言无不尽方面我比不上魏征；少年老成、文武双全方面，我比不上李靖；事无巨细地向皇上报告国家公务，充分发挥上传下达作用，以及做到公平公正这些方面，我比不上温彦博；犯颜执法，办事有条不紊方面，我也比不上戴胄；而在表扬清正廉署，疾恶如仇方面比起其他几位能人来说，我也有一日之长。"王珪的评论不但得到了唐太宗赞同，也得到了众大臣的认可。

从王珪对其自身及对众大臣的评价中，我们可以看出，团队中每个人虽各有所长，但也没有任何一个人可以堪称完美。

然而，唐太宗却能将这些人依其专长安排在最适当的职位，使其能够发挥所长。当这些也许并不完美的个体组合在一起时，一个完美的团队却诞生了，整个国家也因此而更加繁荣强盛。

正所谓"尺有所短，寸有所长"，单独的个体不可能汇集所有的优点与资源。组建团队，就必须以每个成员的专长为思考点，安排适当的位置，并依照其优缺点，做机动性调整，让团队发挥最大的效能。

唐僧师徒历经百险求取真经的故事家喻户晓。阿里巴巴的总裁马云就非常推崇唐僧的取经团队。他认为一个坚强的团队就应该有这四种角色：德者、能者、智者、劳者。

作为一个管理者，唐僧从一开始，就为这个团队设定了西天取经的目标，而且历经磨难，从不动摇。他目标明确、善定愿景。另外，唐僧在管理团队时还能以权制人、以情感人、以德化人。

孙悟空是团队中的能者，有个性、能量大、敢作敢为、富有创造力。猪八戒是团队中的智者，同时也是一个处理人际关系的高手。他是取经团队的润滑剂，能给团队带来活力、幽默、团结。而沙和尚则是个老黄牛式的人物，一个很好的劳者，任劳任怨、忠心耿耿。

如此完美的团队是不是个体都完美无缺呢？

当然不是。唐僧作为管理者，偶尔也会懦弱，会犯错。孙悟空虽为能者，但个性极强，屡屡得罪人。猪八戒干活时拈轻怕重，喜欢投机取巧。而沙僧虽然老实肯干，任劳任怨，但有时也略显呆板木讷。

但就是这些"绿肥红瘦"的个体，当他们组合在一起时却成为一个成功的团队。在历经九九八十一难后，最终能够修成正果，关键就在于这个团队的成员能够优势互补、目标统一，每个人都发挥了自己的效用，所以形成了一个越来越坚强的团队。

管理者如何打造自己的团队？

第一，加强沟通。

第二，选择合适的团队成员。人无完人，而一个团队却可以完美，这就需要有各式各样的人才。

第三，确定团队成员的角色。确定团队角色简单地说，就是管理者要把合适的人摆在合适的位置上做合适的事，让团队发挥最大的能动作用。

总的说来，一个成功的团队最好能由不同类型的成员组成，长短互补，从而保持功能上的均衡。管理者要打造自己强有力的团队，要做的就是把合适的人安放在合适的地方。

23. 为什么凝聚力是团队的灵魂？

金盏朋观点

凝聚力是团队的灵魂。在高凝聚力的团队，成员目标一致、利益一致、思路一致，执行力强、表现突出。

在日本作家山冈庄八的著作《德川家康》中有一场著名的战役叫"田乐洼之战"。

永禄三年五月，实力强大的骏河、远江、三河的统治者今川义元率领五千主力出征。当到达田乐洼时，全军进行暂时休整。突然之间，雷雨如泄闸之水，倾盆而下，正在山谷中休整的今川军顿时乱作一团。士兵们纷纷找地方避雨，争相逃往民房中或大树下，就连负责队伍两侧安全的核心部队也狼狈尽现。有些人甚至脱掉了战服，扔掉了武器。

而今川义元此时正端起酒杯，享受着侍者们进献的礼物，欣赏着庆祝的歌舞。然而，让今川军万万没想到的是，山谷中混乱的一切都被站在山顶的织田信长尽收眼底。他所带领的一千精锐之师正如在弦之箭，蓄势待发。

当织田信长高高举起手中的名刀，听到进攻命令的精锐之师如猛虎下山，直接杀向今川义元的帐内。今川军遭到突袭，霎时乱作一团，在田野中横冲直撞……

不久后，田乐洼一带就变成了一片血海。今川义元被取首级，其五千主力全军覆没。

织田信长凭此一战，威名响彻整个日本。然而，当织田信长集结队伍要与实力强大的今川军决战时，其队伍不过"二百多骑"，即使后来不断有前方败退的士兵加入，也不过一千余人。较之今川义元率领的五千余装备精良的主力，织田氏的兵力确实相差甚远。在战前，就连织田信长的得力部下藤吉郎都认为：无论从任何一个角度考虑，使用任何方法，结论都是织田信长"绝无取胜的可能"。但"田乐洼之战"却出人意料地以织田信长大败今川氏、今川义元阵亡为结局。究竟是什么原因促使织田军最终能以少胜多？

其实原因很简单：凝聚力。

织田军之所以能战胜貌似强大的今川军，原因就在于织田军的凝聚力远远高出今川军。织田军兵力虽不多，但由于平日内织田氏带兵严格，纪律严明，即使在败退的士兵加入队伍后，仍能立刻成为一个调遣自如的精锐之师。而今川军则不然，一场大雨的来袭就使其缺点显露无遗。缺乏凝聚力的军队就好似舢板焊大船，散沙一盘，进入战斗时自然是不堪一击。因此，今川军败而织田军胜也就不足为奇。

21 世纪是一个团队至上的时代，单打独斗的时代已经过去，所有事业都将是团队事业。个人英雄已经无法再在时代的舞台上唱主角，依靠个人力量叱咤风云、劲舞弄潮的日子一去不返。一盘散沙难成大业，握紧拳头出击才有力量。任何一支团队，成员之间必须团结一致，大家心往一处想，劲往一处使，才能无往而不胜。

凝聚力是强固团队根基的必备条件，是团队发展和集体创造力的源泉，是团队保持高效率工作的坚实保证，是衡量一个团体是否有战斗力的标准。

凝聚力能形成一种合力。它通过团队成员对团队的向心力、归属感、荣誉感和责任感来表示，也可以用团队成员之间的人际关系融洽、众志成城、齐心协力、友谊和志趣等态度来说明。

在高凝聚力的团队中，成员之间意见沟通快，信息交换频繁，交流通畅；在高凝聚力的团队中，成员之间互相关心、互相尊重，拥有良好的团体气氛；在高凝聚力的团队中，成员拥有强烈的归属感。

管理者如何提高团队凝聚力？

第一，明确团队目标。没有目标，团队就没有存在的价值，没有凝聚力。团队的共同目标能把相互依存、相互联系的成员维系在一起，使他们以一种更加有效的方式合作。

第二，严格执行纪律。严格的纪律，是提高团队凝聚力的重要法宝。军队建设离不开纪律，这是因为纪律出战斗力；团队管理也离不开纪律，这是因为严明的纪律是保持凝聚力的关键，是团队成员充满斗志的重要因素，是个体发挥最大战斗潜能的保证。

第三，加强沟通。在一个团队中，其成员都来自五湖四海，拥有不同的教育、成长背景。为使所有成员的努力形成更大的合力、更强的凝聚力，沟通是基础。

《周易》有云："二人同心，其利断金。"凝聚力看不见也摸不着，但它实实在在地存在着，而且对团队中的每一位成员都起着巨大的影响作用。

团队合作是群体作战，在激烈的市场竞争中，要想立于不败之地，就需要不断保持和提高凝聚力。只有具备强大的凝聚力，才能谈得上拥有强大的竞争力，才能协调一致，才能成就最强大的团队。

24. 为什么管理陷入误区，团队就 容易沦为松散的组织？

金黄聊观点

> 一旦管理陷入误区，团队就极易沦为松散的组织。

在非洲广阔的草原上，如果看见一群羚羊在逃命，那肯定是狮子追来了；如果看见狮子在奔逃，那一定是象群发怒了；如果看见成百上千的狮子和大象集体逃命的壮观景象，你会认为是什么来了呢？

答案是——蚂蚁军团来了！

"二战"后，日本一跃成为世界第二经济大国，英、美等西方国家因此惶恐不已。经过仔细研究后，西方管理学家发现，日本经济之所以具有强大的竞争力，不是因为个人能力的卓越，而是因为其企业"团队"力量的强大。

在现实生活中，团队的影子无处不在，但要真正做好团队管理却不是一件容易的事。

由于工作表现出色，胡俨最近被提升为部门主任。新官上任，胡俨显得信心百倍，带着部门同样踌躇满志的十几个人一头扎进了项目的研发中。

这一天，将工作分配好后，胡俨像往常一样又一头钻进自己的实验室开始工作。几个小时后，胡俨来到其他的几个研究室检查工作。当发现有的团队成员并未完全理解自己的意图就进行工作，或者未能及时跟上整个研发的进程时，胡俨急了。

接下来的情形可想而知。胡俨劈头盖脸就把还没反应过来的几位成员严厉地批评了一顿。眼看研究项目的截止时间临近，他索性将几个人的工作接过来自己做。

后来，胡俨发现团队成员已经不愿意和自己一起探讨问题了。在不得不进行讨论时，大家要么是应付了事，要么就是等着他拿主意。

随着项目难度的增加和时间的推移，整个团队最初的工作热情明显地冷却下来。对此，胡俨虽然有所察觉，但始终找不到问题的症结所在。眼看团队组建有一段时间了，干着急的胡俨累得晕头转向不说，工作进展还非常缓慢。

在现实生活中，很多管理者可能都有与胡俨类似的经历：不知不觉间陷入团队管理误区。

一般来说，常见的团队管理误区如下：

第一，没有建立起开放的沟通渠道，意识不到员工的不满情绪。沟通不当在管理者所犯的错误中居首位。有关调查发现：管理者所犯的错误大约有 20% 是由沟通不当引起的。与人沟通是一门艺术，需要很高的技巧，尤其是管理者与下属之间的沟通，更要讲究技巧。俗话说，"良言亦须善道"。管理者不能与下属进行有效的沟通，管理工作就难以推进。

第二，不能做到信任，以致事必躬亲。很多管理者常常会过多地依赖自我，任何事情都要亲力亲为。从表面上看，这种行为是管理者负责的表现，但若仔细深究，这其实是管理者不相信下属能独立完成工作，不懂授权。

此种情况如果不能得到及时改善，管理者一味地事必躬亲，结果可能就会陷入类似于胡俨的艰难处境，甚至更糟糕。

第三，评价失误，支持和赞赏不足。面对下属的失误时，管理者往往缺少宽容；面对下属取得的成绩时，管理者又常以默认的态度处理，支持与赞赏不足。

如何避免走入团队管理的误区？

第一，加强沟通。在管理中，沟通尤其重要，是一切管理行为的基础。管理者需要花费大量时间才能培养起阐述企业目标、与员工开诚布公交流的技能。

此外，与交流技能同样重要的是，团队要建立起双向的沟通渠道。许多管理者只善于向员工传递信息，而不善于倾听。他们也没有培养起一种企业文化，使员工愿意分享想法或对问题给予关注。

第二，信任与支持。作为团队领头人，要能信任下属，充分授权，培养员工的成就感；要开诚布公，利用多种方式，让每位成员充分了解企业内外信息，解释团队作出某项决策的原因；要鼓励每位成员发表自己的看法，做到充分沟通、坦诚相待、客观公平。

同时，管理者需要注意的是，即便是在业务繁忙、只专注自己的工作的时候，也不能忘记员工的存在和他们的需求。而要让团队成员感觉备受重视的方法其实很简单，只要管理者暂时放下手中的工作，或者关掉电话，多与他们交流，就能给予他们被重视和得到支持的感觉。

此外，管理者也需要坐下来为员工进行长远的职业规划，记住，这是员工非常重视的一种支持方式。

第三，建立完善的团队管理体制。有效的团队管理体制可以提高团队的运作效率，这也是团队的核心和基础。俗话说，"没有规矩，不能成方圆"，团队管理必须要以严格的规章制度和较高的管理标准为保障。

团队管理与其说是一门科学，不如说是一门艺术。即使最有经验和最成功的管理者对这门艺术也可能迷惑不清。管理者是企业的统帅，是战略管理的核心主体，在进行具体的管理时必须清醒地认识到可能犯的错误，以进行规避。若是已经走入某些误区，则应运用相应的办法积极补救。

文化塑造企业之魂

国学大师钱穆说："当知无文化便无历史，无历史便无民族，无民族便无力量，无力量便无存在。所谓民族争存，底里便是一种文化争存；所谓民族力量，底里便是一种文化力量。若是我们空喊一个民族，而不知道做民族生命渊源根底的文化，则皮之不存，毛将焉附。"对于一个民族如此，对于一家企业则更是如此。企业要发展，文化是灵魂。

文化是一种既坚硬又"柔软"的东西，实施起来十分艰难，但取得的效果却非常大。卓越的管理者会让企业文化的大旗迎风飘扬，把企业文化的战鼓擂响。

25. 为什么企业氛围是企业文化最重要的组成部分？

金蓝盟观点

企业氛围是企业文化最重要的组成部分。良好的企业氛围能极大地提高员工的工作积极性，从而提高企业整体的工作效率。

松下幸之助曾说，他到一家公司10秒钟，就能断定这家公司的现状及发展情况。他凭什么能做到这一点？凭的是他感受到的企业氛围。

企业氛围是指企业以高度概括的文化理念为指导思想，广大企业人在生产、管理、经营等活动过程中，所形成或创造的企业风气和风貌。它从人力资源的角度来说是能否吸引、留住、开发人才的关键因素之一。

企业文化是企业之根、企业之魂，是企业发展的动力；企业氛围则是企业文化的作用传递到员工与社会的一种媒介。企业文化凭借企业氛围的媒介支持来发挥功效，企业氛围是企业文化最重要的体现。

企业氛围有好坏之分：好的企业氛围能使五湖四海的仁人志士慕名而来，使人才在这种环境下称心如意地发挥潜能；反之则使人际关系紧张，工作效率下降，人才不断流失，严重影响企业的发展。

李军新到一家公司，下定决心要努力工作，尽快在事业上打拼出一片天地。入职的第一天，他发现公司的工作氛围很差：员工上班迟到，有的员工在工作时间热聊 MSN、QQ，还有的看股票的走势图、网上小说……

这样的工作氛围无形中大大挫败了李军努力工作的热情。第四天下班时，有一位好心的同事告诉了李军公司的来龙去脉、人际关系等细枝末节。同事的话让李军的心一下沉到了谷底，原本那股冲天的干劲儿顿时无影无踪了。后来，他也跟同事们一样迟到、上班时聊天。对此，他内心很困惑：在这样的工作氛围下，公司和自己的前途究竟在哪里？自己是否要在这样的公司混下去？

不好的企业氛围就像一些看不见的"病菌"在企业里蔓延，如果不注意及时清理，将会给企业带来致命的打击，因此管理者应在企业内营造良好的企业氛围。

良好的企业氛围能激发员工工作的积极性，让员工之间、各管理层之间和谐顺畅，提高企业运作效率。一家企业要想永葆青春活力，不断提高经济效益，始终离不开良好的企业氛围。营造良好的企业氛围，要求每一位员工都有被尊重、被关怀的感觉，打破部门间横向隔阂和界限，促进不同岗位间的沟通和配合。

日本松下公司的员工信条为："唯有本公司每一位成员和亲协力，至诚团结，才能促进公司进步与发展。"良好的企业氛围能形成强大的吸引力和凝聚力，能使员工感到顺心、舒心、有奔头，心甘情愿地为企业奉献青春、贡献力量。松下公司能取得今天的成就，与其良好的企业氛围是分不开的。

所以，每位企业管理者都要努力在企业内创建良好的企业氛围，使各类人才得以充分发挥，企业得到更好的发展。

管理者如何营造良好的企业氛围？

企业氛围的功能主要体现在知识传播功能、感染功能、凝聚功能、陶冶功能等方面。营造企业氛围是一项涉及面广、持续时间长、业务量大的工作，在实践中需要认真遵循以下基本原则：主题鲜明、内容丰富、广泛参与、切合实际、不断创新。

第一，制定能鼓舞和激励员工的企业远景目标。企业远景目标统领着全局的方向，是企业不断前进的动力，也是员工心中奋斗的航标。企业远景目标要能够召唤及驱使员工向前，激发他们积极向上的热情，使其认识到工作的价值。在远景目标召唤下，全体员工能凝聚成一股力量，充分发挥他们的才能，形成奋发向上的工作氛围。

第二，重视"人性化管理"。这已成为成功企业的主导管理理念。国内外的一些优秀企业，都将人才视为企业最珍贵的资源，给予人才优厚的物质待遇、宽松的工作环境，充分尊重人才。

员工不是工作的机器，他们有人的各种需求。管理者应了解员工的需求，适当满足其需求，如定期举办一些活动等，让员工在紧张的工作之余，得到身心上的放松。人性化的管理，能使员工感受到企业大家庭的温暖，工作起来也会更有干劲，从而更好地为企业创造价值。

　　两年前，湖北沙市第三棉纺厂由于生产跟不上，亏损 260 多万元，一度出现了人心不稳定、干群关系十分紧张的局面。厂领导深思熟虑后提出"让企业充满爱"的人性化管理："领导为工人服务"、"请工人坐前排"等。在厂领导的带领下，厂里的干部们把解决职工问题放在了第一位，投入更多的精力去关心一线工人，用爱心化解矛盾、体现集体家庭温暖……

　　一年后，厂里发生了巨大的变化：工人对上级分配的任务服从的程度提高了，对工作表现出更大的积极性；干群之间的裂痕缩小了；生产的速度和质量提上去了，厂子终于扭亏为盈；厂内呈现出一派和谐稳定的工作氛围。如今，这家棉纺厂的效益节节攀高。

　　第三，营造快乐和谐的工作环境。工作本身往往比较枯燥，作为管理者要学会带领大家在工作中寻找快乐，让员工能快乐地工作。在这样的企业中将充满欢笑，工作的效率也会随之提高。

　　近几年，百事可乐的发展速度超过了可口可乐。管理学家分析后认为出现这一局面的原因就是百事可乐在公司内部倡导"快乐文化"，使大家都在快乐的氛围中工作，所以工作效率很高，促进了公司的快速发展。

　　管理者不仅要塑造快乐的工作氛围，还要努力营造和谐的工作氛围。为创建和谐的工作氛围，管理者需要从以下三点入手：

　　（1）公平、自由。

　　公平的工作环境是员工安心工作的前提。在公平的企业工作环境中，才不会有钩心斗角、暗箭伤人的事件发生。因此管理者在竞聘上岗、绩效考核、晋升机会等方面都要做到公平、公正。

　　除此之外，管理者还要在企业内创建一个自由开放的工作环境。自由的工作环境能让员工充分发挥自己的能力，对工作充满热情。

　　（2）真诚、信任、沟通融洽。

　　海尔的领导人张瑞敏提出："以人为本，以德为本，以诚为本，君子之争，和气为本。"

　　企业是一个整体，各部门、各岗位都是企业链条上不可缺少的一环，因此只有各部门、各岗位间协调合作，才能实现企业的总体目标。管理者与员工之间，彼此真诚相待是至关重要的，是工作开展的前提。

　　在真诚相待的情况下，管理者与员工之间、员工与员工之间也较容易建立起信任的关系；互相信任是很关键的，大家只有在信任的基础上才能进行融洽的沟通；融洽的沟通，能促使员工更好地改善工作，保证各项工作顺利进行，所以管理者应该在企业内建立相互信任、融洽沟通的氛围。

　　（3）团结互助。

　　企业内要实行"分工不分家"，管理者要在各部门之间加强协调，通力合作，增强大局意识，在各个层面体现良性互动。管理者层面做到奋发有为，以身作则；员工层面做到朝气蓬勃，独当一面。企业内不断营造比赛氛围，推动各项工作的顺利展开，营造齐心协力做工作的和谐环境。

　　企业的各部门之间经常有交叉的事情，难免会有摩擦；同理，人和人之间经常有协作的事情，也就难免有矛盾。对待这些摩擦和矛盾，管理者要用一种包容的心态，做到容人、容事。对于员工所犯的错误，管理者一定要用包容的心态来解决，在不伤害其自尊心的前提下帮助他们改正错误，绝不能因此打击员工的积极性，以免使他们日后不敢再犯错误。

　　管理者在积极化解企业里存在的不利因素，如冲突、压力和内耗等的同时，还要努力让员工成为企业的主人。管理者要激发员工的主观能动性，使其意识到他们的命运与企业的前途息息相关，这样才能使企业全体员工具有共同的利益，共同的目标。在企业有困难的时候，员工就不会袖手旁观、各奔前程，更不会幸灾乐祸，而是集思广益、齐心协力、共渡难关。因此，管理者要花大力气在企业内建造团结互助的工作氛围。

　　除了上下级之间的和谐外，管理者之间的和谐对企业的发展将起到更加重要的作用。管理者是企业的领军人物，因此他们之间的和谐是企业和谐的起点。试想一下：在一个企业，管理者与管理者之间都不和谐，那么这个企业又怎能形成和谐相处的氛围呢？

真正的和谐就是让大家实现心和心的交融。要做到这一点，首先要在企业内建立一套良好的制度，这是实现企业和谐的保证。俗话说，"和气生财、家和万事兴"。和谐的企业氛围能推动企业持续、稳定地向前发展。

第四，鼓励创新。员工的工作模式和工作内容如果总是一成不变，就会使他们缺乏新鲜感，从而逐渐形成惰性，影响工作效率，所以管理者应鼓励员工在做好本职工作的基础上不断创新，争取把工作做得更好。在持续改进工作的动力驱使下，员工会更积极地努力工作。当然，员工在创新的过程中，很可能会犯错误，管理者对此不要太苛责，应用包容的态度来对待他们，因为创新是有风险的。

创新是企业发展的动力，是企业进步的必由之路。管理者要把弘扬创新精神作为营造企业氛围的重要举措，在企业内大力推进各部门创新工作方法，形成浓郁的创新氛围。

企业氛围是企业文化中最重要的组成部分，管理者能否营造良好的企业氛围对企业成败至关重要。

26. 为什么提升员工忠诚度是
一个系统工程？

金蓝盟观点

提升员工忠诚度是一个系统工程，需要观念与观念对接，人性与人性的磨合。

一位公司领导向培训师诉苦，现在忠实于公司的员工越来越少了：公司花费大量金钱对骨干员工进行培训，但是当这些员工积累了一定技能与经验后，往往一走了之，有些员工甚至将公司的商业秘密作为到新单位加官晋级的"见面礼"；而那些留在公司的员工，也是"身在曹营心在汉"，做事时敷衍了事，工作效率很低。他现在根本就看不到对企业忠诚的员工。

　　培训师耐心听他讲完后，首先对他的遭遇表示了同情，随后向那位领导提出了自己的看法——他认为出现这种情况，责任不能仅归于员工对企业的不忠诚，企业也应该反思一下自己的问题。听了培训师的话，那位领导首先表示反对，认为责任在于员工，后来在培训师的反复指导下，终于意识到公司在用人方面存在的问题才是员工普遍不忠诚的罪魁祸首。

　　许多现代企业都存在着员工屡屡跳槽，忠诚度不高，执行力低下，业绩难以达成的状况，提升员工忠诚度几乎成了所有企业必须面临的难题。

　　所有的企业管理者都喜欢忠诚的员工，但我们是否思考过：员工凭什么对公司忠诚？企业给员工做了哪些足以让其忠诚的事？是给了员工更好的福利待遇，还是更好的工作环境；是和谐的人际关系，还是更大的发展空间？

　　忠诚不是单向的，而是相互的，所以管理者想获得员工的忠诚，必须要对员工忠诚。管理者怎样做才算对员工做到了忠诚？管理者要有忠诚于员工的理念，尽量做到让员工满意，具体的表现形式可以包括给员工提供更高的薪酬、更好的发展机会，帮助员工做出具体可行的职业规划等。

　　忠诚是员工的心理感受和自觉自愿行为，当员工内心深深感受到企业对自己的工作、生活及未来真诚负责时，才会对企业产生满意度，进而自觉自愿地忠诚、奉献于企业。

　　　满意度是源，忠诚度是流。管理者在让员工满意的同时，应进一步培养员工的忠诚。

　　满意是忠诚的前提，但是员工对企业满意并不意味着员工就对企业忠诚。因此，管理者在努力做到让员工满意的同时，还要进一步培养员工的忠诚。

有人说，员工从来不会忠诚于企业，只会忠诚于他的事业。的确，在许多民营和私营企业中，我们不难发现这样的事实——对企业忠诚度最高、工作最有效率的往往是企业的高层管理者。

深思一下，我们就能发现之所以出现这种情况，是因为公司的事业与企业高层管理者自己的事业相一致，公司是实现他们理想与抱负的平台。这说明了人们往往不是忠诚于某一个企业，而是忠诚于自己的事业。

这就要求管理者要为员工事业理想的实现提供一个有效的平台，在此基础上使员工将公司的价值、目标和使命与他们自己的价值相联系，从而建立起强烈的事业归属感和忠诚度。

曾先后担任过福特和克莱斯勒两大汽车公司总裁的传奇人物艾柯卡指出，在企业中起决定作用的不是管理者，而是企业的"民心"。忠诚度是执行力存在的关键。没有忠诚，就无所谓执行。没有执行，企业就无法生存、发展。

一个企业能做多大，不是取决于其所拥有的资本规模，而是取决于企业拥有多少忠实的、有创造力的员工。因此，管理者要意识到高忠诚度员工的价值，并不断加强对员工忠诚度的培养。

管理者如何才能提升员工的忠诚度？

提升员工对企业忠诚度的关键在于让员工清醒地认识到，员工对企业的忠诚度越高，对员工个人专业技能的提高、职业生涯的发展越有利，使员工由被动培养转变成自觉主动地提升自己对企业的忠诚度。

提升员工忠诚度是一个系统工程，需要观念与观念对接，人性与人性的磨合。具体说来，应从以下几方面入手：

第一，把好招聘关。习惯性跳槽是员工缺乏稳定性和忠诚度的一种表现，因此企业在招聘环节应对这类人员予以特别重视。许多管理者在企业招聘时经常会犯严重的错误：纯粹以技能为导向而忽视了员工的品德和个性。俗话说，"有德无才是废品，有才无德是毒品，德才兼备是极品"。因此，管理者在决定是否录用应聘者时，除了要考虑到其专业技能，还应考虑到其品德和个性，只有把这几个方面综合起来才能选出合适的人才。

由于很多企业与应聘者之间的信息是单向透明的，即企业对应聘者了解很多，而应聘者对企业只有一种肤浅的感性认识，因此在应聘者入职前，企业应与应聘者保持坦诚沟通，要把企业的相关情况如实告诉应聘者，并给其思考、选择的机会。这样可以避免应聘者盲目进入企业后，发现很多与他想象不同的情况时，心理上产生落差，影响其工作的绩效和稳定性。

把好招聘关，才能防止不合适的员工进入企业，也能从源头上提高员工的忠诚度。

第二，搞好入职培训。入职培训对新员工的稳定性和忠诚度有着较大的影响，它承担着新员工与企业之间的"加工磨合"作用——入职培训要将公司文化（价值导向）、行业特点、运营模式、管理特色等内容充分介绍给新员工，以引导其早日融入公司。

搞好入职培训，可使新员工正确对待其入职后将发现的企业中许多负面现象，知道每个企业都各有长短，缩小其期望值与企业现实的差距，促使他们尽快适应企业，顺利度过试用期，为将来真正融入企业打好基础。

第三，制定合适的目标。管理者应帮助员工制定出合适的工作目标，并督促他们专注目标，努力向目标奋进。管理者在帮助员工设置目标时，应注意目标不能设得太高，否则会给员工带来太大的压力，最终使目标变得遥不可及；也不能太低，太低的目标让员工很容易实现，不足以激发起其工作的动力。

此外，管理者还应为员工描绘企业的发展前景，制定长远的企业发展战略规划，使员工感到有盼头、有干头、有奔头，这对提高员工对企业的忠诚度大有裨益。

第四，制定合理的薪酬福利政策。薪酬福利一直是企业用于激励员工和吸引外部员工加盟的有效杠杆。薪酬的好坏直接影响到员工的工作情绪，因此许多企业往往以提供行业内较高的薪酬作为管理员工的利器。企业在提供行业内具有竞争力的薪酬的同时，还要设计出良好的激励模式。俗话说，"要想马儿跑，就给马儿草"。良好的激励模式可促使员工在用心干好本职工作的同时，还会主动争取做出更出色的业绩。

对于企业的大多数员工来讲，除了待遇之外，自己能否在这个企业得到进步和成长，是否有学习的机会也是他们所关注的，特别是那些企业的新员工和准备干一番事业的员工，更注重自身的成长与进步，因此管理者要开展相应的培训和学习，为员工增加一份福利。

第五，以事业留人，适时导入股权激励。业界通常有这样的说法：金钱留住三流的人才，感情留住二流的人才，事业才能留住一流的人才。不同员工对企业的需求自然也是不同的，管理者要帮助员工做好职业生涯规划并建立起良好的人才培养机制；要教育员工发扬敬业爱岗的精神，帮助员工理解自己的工作对整个公司的重要作用；要提高员工实现自我价值的意识，不断提升他们对企业的忠诚度。

现在，许多企业的管理者为了留住人才都会进行大胆放权，鼓励员工参与管理，给他们创造施展才能的机会，让其有机会实现自身的价值；同时针对中高级管理人员和核心员工进行配股，让这些员工成为企业的股东，把自己的命运与企业的命运紧密联系在一起，从而使他们稳定下来。

第六，打造诚信的企业文化。

王磊到一家广告公司面试，人力资源部经理告诉他每月基本工资为1500 元，每谈成一笔广告，公司会给他 15000 元的提成，除此之外，公司每个月还会给 200 元的饭补、200 元的房补。王磊对这家公司的薪酬比较满意，就接受了这份工作。

一个多月过去了，公司向王磊发了 1100 元的基本工资+200 元的饭补+200 元的房补。对此，王磊很是疑惑，找到了经理讨要说法。经理解释说王磊在一个月内没有业绩，公司按规定扣除了王磊的部分基本工资。王磊很是无奈，只好忍气吞声。

第二个月内，王磊如愿以偿地谈成了一笔广告，满心欢喜地等着拿提成。到了开工资那天，公司发给王磊 1500 元的基本工资+200 元的饭补+200 元的房补+12000 元的提成。拿到工资后，王磊当即怒火中烧地找到经理，要求给他一个合理的解释。经理告诉他每笔广告都要扣除一定的手续费。王磊生气地质问经理，为什么当初面试时不说清楚。经理以公司的《员工手册》上写明了为由说不需要再重复说明。

王磊顿时产生了一种被骗的感觉，对公司失去了信心，毅然决然地向经理提出了辞职。尽管经理一再劝说王磊，以他的才华在公司发展下去，肯定会大有前途，但王磊只冷冷地回答了经理一句话："对这样不讲诚信的公司，我一刻也不想再待下去了。"

很多企业只讲员工对企业的忠诚，根本不反省自己对员工和其他合作伙伴是否忠诚。其实诚信是一种平等互利的双赢模式。员工对企业忠诚是员工应尽的义务，而企业言而有信、坦诚对待员工也是责无旁贷的。这就需要管理者在企业内打造一种诚信的企业文化，把诚信当成企业、员工个人的立身之本，从日常一言一行做起，充分体现诚信的文化内涵。

不断提升员工对企业的忠诚度，是为了实现员工与企业风雨同舟、荣辱与共的最终目标。要达到这一目标，管理者必须要以身作则，率先垂范，首先应忠诚于企业，做到不贪、不骄、不渎；其次要勤奋学习、乐于奉献、与时俱进、恪尽职守、言而有信，为员工树立起良好的人格形象；最后用管理者的高尚人格来感化员工，促进员工提升对企业的忠诚度，在企业内营造出一种敬业诚信、团结奋进的优秀的企业文化。

员工对企业的高忠诚度不仅能降低员工流失给企业带来的危害，还能使企业文化得到更深入的贯彻，企业的执行力得到提高，能建立起企业的内部信任机制，增加企业的竞争力，促使企业更好更快地向前发展。因此，管理者一定要综合利用多种行之有效的方法来不断提升员工对企业的忠诚度。

27. 为什么上下同欲是一种企业文化？

> 上下同欲是一种企业文化，因为一个企业战略的运作，并不完全取决于管理者的性格、行为及其背景，还依赖于整个企业团队的行为。

2005年，广东一家塑料制品厂由于产品质量不合格，市场占有率大幅下滑，公司利润锐减，致使企业陷入了困境。面对困境，厂长对工厂内部管理进行了深入的了解和分析，发现由于大多数的基层员工对工厂的薪酬体制和两位生产主管不满，从而导致员工们不肯认真工作，生产出来的产品质量不达标。

针对这些情况，厂长又派人进行了明察暗访，结果发现该厂的薪酬制度不尽合理，且偏低于市场平均水平；而两位生产主管则存在态度粗暴、欺下瞒上的作风问题。了解到真相后，厂长迅速召开了紧急会议，对工厂原有薪酬制度进行了调整，制定了新的与企业战略和组织架构相匹配的薪资方案，并对那两位生产主管进行了相应的处分，重新任命了两位主管。

新主管上任后，经常与员工进行有效的沟通，积极主动地帮助员工解决问题，对员工表现出极大的关心与尊重。这些人性化的管理，很好地激发了员工工作的积极性和创造性，使员工们把工厂当成了自己的家，纷纷决定通过努力工作使工厂早日走出困境。

三个月后，通过大家的团结奋斗，该厂不仅成功解决了产品的质量问题，还进一步提高了工厂的生产能力，利润也随之有了大幅的增长。从此，该厂走出了困境，步入了良性发展的轨道。

管理者和员工之间只有相互理解，上下一心，才能真正建立和谐的企业组织，才能形成强大的凝聚力，使企业获得更好的发展。

一座雄伟的城墙，是由一块块砖石靠着黏合剂连接垒砌而成；一项伟大的事业，只有靠整个团队同心协力才能完成。

管理者可以为企业制定出战略目标，但目标的实现却要依赖于整个团队的共同努力。如果管理者与员工上下异心，那么企业的战略目标终将成为空中楼阁。

管理者最根本的任务就是使每位员工认同企业的文化与战略目标，强烈地感受到自己是团队中不可缺少的一分子，企业的宏伟蓝图只能依靠整个团队的共同努力才能实现。

管理者如何打造上下同欲的企业文化？

管理者必须处理好与员工的关系，掌握"信、公、严"三个尺度。

（1）信。

①诚信。轻言必寡信，所以管理者要少承诺，而一旦做出了承诺，无论多困难都必须兑现。

②威信。管理者应在企业之外树立好的名声，在企业之内讲究亲和力，特别是在关键时刻能果断解决问题，在员工中建立起应有的威信。

（2）公。

①公平。管理者在工作时要一碗水端平，不拉帮结伙，对所有员工一视同仁。

②公正。企业的制度、待遇要对每一个人都一样。

（3）严。

①严格。管理者在对待工作时要严格要求自己，对员工也要严格要求。

②严谨。管理者在待人接物时要严谨，掌握好应有的分寸。

③严密。管理者的思维和工作计划要严密。

"信、公、严"这三个尺度是管理者为人处世的标准。

除了从自身做起与员工处理好关系外，管理者还应从以下三个方面着手打造上下同欲的企业文化：

①打造共同愿景。很多管理者错误地认为，留住员工的最佳方法是用制度（合约）约束对方。其实，培养员工的信念，使员工和管理层拥有共同的事业基础，把公司的事业当成自己的事业来追求更能留住员工的心。

企业有清晰的愿景后，管理者就应使员工明白自己与企业愿景的紧密联系及其在实现这个愿景中将起到的重要作用，否则员工无法找到自己的明确位置，自然不会与管理者一起为了企业愿景而奋斗。

②培养亲和的文化氛围。亲和的文化氛围有助于凝聚人心，培养团队力量。如果一个企业不具备独特的文化氛围，不营造一个"企业是我家"的软环境，就无法将人才凝聚在一起。

亲和的文化氛围又包括两点：首先，无障碍的双向沟通，以心换心。管理者与员工应建立起相互信任的关系，在此基础上进行无障碍的双向沟通。这样的沟通才能真正打通言路，使员工敞开心扉，起到良好的沟通效果。其次，积极实施情感管理。情感管理即人性化管理，主要表现为信任、尊重。管理者通过实施情感管理，来增强与员工之间的情感联系和思想沟通，满足员工的心理需求，形成和谐融洽的工作氛围。所谓"带人如带兵，带兵要带心"讲的即是这个道理。

③适当的激励。这可以充分调动员工的主动性和积极性。具体分为以下四点：首先，精神激励。管理者可运用认可、表扬和关怀的方式来给员工精神方面的激励。有些企业的员工之所以选择离开企业，既不是因为待遇不好，也不是由于管理者不好，而是由于得不到管理者的充分认可。其次，赏罚严明。管理者应善于通过奖赏和惩罚这两种正、负强化激励手段，来达到鼓励先进、鞭策后进，提高绩效的目的。再次，"任贤律己"、"身先士卒"。管理者要知人善任，严于律己，身先士卒，以自己榜样的作

用和力量感染激励下属。最后，与人共享。管理者要切记成绩不是你一个人做出来的，因此，得到的奖励要和员工共享。

管理者应充分认识到上下同欲的文化将对企业的发展产生重要的作用，并积极采用行之有效的方法在企业内打造出上下同欲的企业文化。

《孟子·公孙丑》说，"天时不如地利，地利不如人和"；《周易》说，"众人同心，其利断金"；《孙子兵法·谋攻》说，"上下同欲者胜"。

28. 为什么企业文化是思想、是信念、是模式，也是行动？

金蓝盟观点

> 企业文化是思想、是信念、是模式，也是行动，企业在整合物质资源的同时，还要及时整合文化资源，要将企业文化从"形式化"到"行事化"。

常言道：五年企业靠老板，十年企业靠管理，百年企业靠文化。

现代社会，企业文化是企业的核心竞争力，是企业管理最重要的内容。只有拥有良好的文化，企业才能更具活力，更好地生存、发展和壮大。

蒙牛从1999年创业至今，发展速度可谓惊人，被人喻为"火箭般的蒙牛速度"。蒙牛为什么能取得如此快速的发展呢？原因就是它具有独具特色的企业文化。

蒙牛在企业内部实行公开透明的用人制度：有德有才破格重用，有德无才培养使用，无德有才限制使用，无德无才坚决不用。此外，蒙牛的办公场所内随处可见"小胜凭智，大胜靠德"这句企业名言，而且管理者还要求每个员工都要把寓意深刻的"狮子和羚羊的故事"铭记在心……

严谨周密、内涵丰富的"蒙牛文化",在帮助蒙牛塑造良好形象的同时,也使其在短短十年内创造出一个又一个蒙牛神话。

企业的发展基于文化,未来的竞争亦在于文化,企业基业长青,必须要有良好的企业文化。

企业文化立足于利用企业核心价值观统一人的思想观念和行为模式,使员工和企业都能找到共同的奋斗目标。简言之,企业文化就是企业在发展过程中所形成的一种企业员工共享的价值观念和行为准则。

研究表明:当员工对企业没有归属感的时候,其所作所为只对自己负责,面临个人利益与企业利益发生冲突时,他们会优先保证个人利益;而当员工有较强的归属感时,他们的作为就会对企业负责。可见,良好的企业文化是管理者和员工思想、信念的引导者,是企业更好发展的保障。

企业文化具体表现为以下三点:

第一,经营文化。这主要用于指导企业经营,如企业的竞争理念、创新理念等,甚至有的企业把诚信当做自己的经营理念,这样的企业往往会建立起较好的企业文化;而有些企业则搞恶性竞争:挖墙脚、偷资料、撤专家、假专利等,这些做法都是不可取的,不利于树立良好的企业形象。

第二,管理文化。这主要用于指导企业的经营管理。管理文化优良的企业不但内部井然有序,而且还可以获得极高的工作效率;反之,管理文化落后的企业则会出现效率低下、内部混乱的情况,严重影响到企业的发展。

第三,体制文化。这主要用于指导企业的分配原则。不管是国有企业还是民营企业,效益最大化除了体现在企业的快速发展上,更重要的是体现在对员工的分配公平上:要奖勤罚懒、奖优罚劣。

管理者要明白:塑造良好的企业文化,绝不仅是给企业制定一些响亮而空洞的口号,它需要管理者来设计、创建和推动。一句话,管理者要将企业文化从"形式化"到"行事化"。

具体而言，管理者应从以下三方面着手：

第一，用与时俱进的思想来建设企业文化。管理者的思想必须与时俱进，具有创新意识，应根据企业竞争和市场变化的新情况，不断作出调整，积极适应企业发展的新步伐。

管理者要不断地学习、进步，对各种事情要有自己的真知灼见，切忌人云亦云、东抄西借，没有自己的思想。

第二，用合乎规范的言行来建设企业文化。管理者对企业文化要身体力行，用自己的一言一行向员工做出表率。

为了提升产品的质量，海尔提出了"产品的质量等于人品"的价值观。当产品出现质量问题时，海尔的管理者没有睁一只眼闭一只眼地凑合过去，而是把企业文化落到了实处。当海尔还是一家小公司时，企业的领导人张瑞敏面对一堆质量不合格的冰箱，没有手软，第一个带头抡起大锤砸冰箱。尽管内心不舍，他还是眼含热泪地做出了惊人的举动。

张瑞敏举锤砸冰箱，极大地震撼了员工的心，更让他们明白了企业文化不是一句口号，而是他们行动的准则。从此，海尔的"大质量观"深深地刻在了全体海尔人的心中。

管理者是企业的领袖，他们的言行对员工具有非凡的教育意义。管理者的语言一定要真实、恰当，不能过分地拔高、夸大企业的实际情况。同时，管理者的语言还应中肯、有丰富的内涵，不能一开口就是一堆硬梆梆的理论、套话，应在不同场合采用不同语气。如在激励团队时，管理者可以讲一些具有哲理的话来激励、鼓舞员工的士气；在与个别员工谈心时应采用关怀的语气；在执行企业制度时应采用斩钉截铁的语气等。

管理者要将企业文化提倡的行为落到实处。比如，有的企业提倡微笑服务，但是许多管理者在面对客户时经常是面无表情，员工们就会认为所谓的微笑服务不过是一句空的口号而已，并不会真正去执行。还有的管理者向员工作出承诺后，经常不兑现，这样的举动无疑给员工一种暗示：企业提倡的诚信文化根本就无法落实等。

第三，用丰富多彩的活动来建设企业文化。管理者可在企业内定期举办各种形式的政治、文化、娱乐活动，如读书会、经验交流会、运动会等，突出体现企业文化的主题，创造良好的气氛，使员工在潜移默化中受到感染。

员工经常参与这些凸显企业文化主题的活动，自然而然会认同并接受企业文化，他们的言行举止也会向着企业文化倡导的方向发展。

总之，企业文化是企业的核心，是企业的灵魂，也是员工思想和行动的引导者，管理者务必要对其高度重视，并努力将企业文化从"形式化"落实为"行事化"。

创新掀起头脑风暴

昨天成功的经验，往往是今天失败的教训。在全球化背景下，国家和区域的竞争日益加剧，竞争力的大小主要取决于创新能力的高低。在企业管理中，只有迅速创新才能立于不败之地，才能取得竞争优势，赢得成功。

29. 为什么决定一个人成功的最关键因素是思维模式，而不是智商的差异？

金蓝盟观点

> 与众不同是创新的不二法门：如果你站着，而周围的人都在跳舞，你就会受到注意。所以，引人注目是创新必须做到的头等要事。

美国吉列公司因生产刮胡刀而驰名世界。

该公司曾在美国进行的一次市场调查中发现：在美国，30岁以上的妇女为了保持形象而刮除腿毛还有腋毛的人数约占这一群体总数的4/5。

通过进一步调查，吉列公司还发现，由于没有女性专用刮毛刀，这些人大多借用电动刮毛刀和脱毛膏进行脱毛，而少数则会借助于男用刮毛刀进行脱毛。这无疑是一个很有潜力的市场。

对此，吉列公司专门成立了设计开发小组，精心研究适用于女性的刮毛刀。产品一经上市就凭其独特的理念、精美的外观、鲜艳的色彩以及巧妙的构思迅速占领了整个美国市场。

吉列公司正是凭着其独特的反向思维，打破了常规，抓住了机会，成功打造出了极具创意的个性化产品而大获全胜。

在现实企业管理中，我们看到很多管理者的流行口头语是"不可能"、"做不到"等。他们认为企业不可能实现快速增长，只能慢慢来，稳扎稳打，长此以往，就练就了一双"近视眼"和一个"平庸脑"。在这种思想下，企业管理更是毫无新意，要么是照抄照搬优秀企业的创意；要么就是进行所谓"换汤不换药"的"形式创新"。

企业管理会这样，与管理者是否具有创新思维模式有着直接关系。专家研究表明，左右一个人成功的最关键因素是思维模式，而不是智商的差异。所以，管理者必须具有创新思维。

管理者如何做到"与众不同"？

第一，要具有强烈的事业心和责任感。只有具有高度使命感的管理者，才会有强烈的忧患意识，做到"先天下之忧而忧"，进而不断寻求新的突破。反之，如果一个对工作毫无责任心的管理者，又怎会积极主动地开动思维机器，提出更具创意的想法？

第二，要打破原有思维模式，做到与众不同。与众不同是创新的不二法门：如果你站着，而周围的人都在跳舞，你就会受到注意。所以，引人注目是创新必须做到的头等要事。

在现代社会，最具创新力的企业才能赢得最多的利益。管理者必须努力开辟新的道路，寻找新的突破点，打破原有的思维方式，避免人云亦云，寻找与众不同的管理之道，才能成为引人注目的焦点。

绿箭片装口香糖，行销全球逾 180 个国家，是世界上备受钟爱的口香糖产品之一。绿箭在此基础上，于 2005 年 6 月起在国内新推出的粒状瓶装产品，使绿箭口香糖销售量又攀新高。

绿箭劲浪超凉口香糖，为了引人注目，包装采用了精美新颖、色彩艳丽、酷感十足的图案；并且采用新的泡罩装及 18 粒装的椭圆形小瓶装形式更加便于消费者携带。

绿箭口香糖的成功得益于其与众不同的包装理念和引人注目的外观设计，这些极具创意的思维理念，使其一上市便大获全胜。

第三，要敢于冒险。

管理者要创新就要敢于冒险，敢于想别人没有想过的事情，敢于做别人没有做过的事情，敢于用别人没有用过的办法。

敢于冒险就是敢于大胆地尝试，不怕失败。金融大亨索罗斯先生说："当我们每一个人都有相同想法的时候，那我们每一个人都错了。"同时他还有一个的观点："如果你不曾冒险，你怎么知道冒险的乐趣是爱拼才会赢，只有拼搏才能碰到机遇，才能在一次一次的荆棘中达到成功的巅峰。"

西铁城手表的质量是令世人有目共睹的，但早期的销路却不尽如人意。后来有位年轻的销售人员给公司出了一个绝妙的主意，那就是从飞机上往下扔手表，由此引来了成千上万的人前来拾表和观看，就这个新颖而又独特的广告创意，使该产品誉满天下，畅销全球。

这位年轻人正是抓住了创意思维这根神奇的缰绳，敢于冒险、敢于想别人没有想过的事情、敢于做别人没有做过的事情、敢于用别人没有用过的办法而最终成功。

第四，要善于思考和学习。爱因斯坦说："学习知识要善于思考、思考、再思考，我就是靠这个学习方法成为科学家的。"牛顿说："思索，持续不断地思索……如果说我对世界有些贡献的话，那不是别的，只是由于我辛勤耐久的思索所致。"

同样，创新也需要思考学习。管理者要养成善于思考的习惯，以抓住市场领域里可能存在的商业机遇。同时管理者还要通过学习，不断提升自己的思维能力和其他各方面的综合能力，以助于培养创新思维。

企业靠技术而立，靠创新而发展。创新是企业的生命，离开创新，企业必将成为无源之水、无本之木。管理者必须具有创新意识才能在全球一体化激烈竞争的今天与未来带领企业走向成功。

30. 为什么对于创新者而言，成功是一种考验，失败更是一种考验？

金蓝盟观点

> 创新是艰难的，不可能一蹴而就，也不会一帆风顺。对于创新者而言，成功是一种考验，失败更是一种考验。

创新作为探索性实践，有可能成功，也有可能失败。创新之路充满艰险，但无限风光恰在险峰之上。正如王安石所说："世之奇伟瑰怪非常之观，常在于险远；而人之所罕至焉，故非有志者不能至也。"

企业创新同样如此，失败与成功总是如影随形，一切希望成功的人，都不应该拒绝失败、害怕失败。管理者要创新，就必须有一种永不言败的精神。

1846年，意大利发明家索布雷罗把甘油和浓硝酸、浓硫酸混合，产生硝化反应，合成了硝化甘油。但是硝化甘油却极易爆炸。

这深深地吸引了正在研制炸药的诺贝尔。诺贝尔下定决心一定要找出控制硝化甘油爆炸的方法，并深层次发掘出爆破的新动力。于是，诺贝尔和弟弟埃米尔·诺贝尔一起在斯德哥尔摩海伦坡建立了一个实验室。

在那里，诺贝尔和弟弟锲而不舍地做着各种试验，他们所做的试验不计其数，经历的失败更是数不胜数。仅研究雷汞做引爆剂，就失败了几百次，还为此炸毁过实验室。而且在一次严重的爆炸事故中，诺贝尔的弟弟还有其他4个实验室人员全部遇难。但是，这些并没有让诺贝尔放弃实验。

最终，经过无数次失败的考验，诺贝尔成功研制了雷管、固体炸药、安全炸药和无烟火药。

诺贝尔之所以伟大，就是因为他在发明创新的道路上，没有放弃过。即使是遇到再大的困难和失败，他都以坚强的毅力，迎难而上，最终克服了重重险阻，取得了最后的胜利。

企业管理创新同样也会遇到各种困难，甚至重大失败。如果管理者面对眼前的困难只会一味退缩，或者走不出失败的阴影，那么企业只会徘徊不前，创新管理更是无从谈起。

管理者只有具有创新不言败的精神，才能够做到不怕失败、敢于创新，最终才会有大收获。

管理者如何看待困难和失败？

第一，要坚信"失败是成功之母"。邓小平曾经指出："要克服一个怕字，要有勇气，什么事总要有人试第一个，才能开拓新路，试第一个就要准备失败，失败也不要紧。"

在面对困难和失败时，很多管理者往往选择后退，然而"退"是没有出路的，"怯"更是难尝胜果。

此时，唯有正确看待困难和失败，相信"失败是成功之母"。所以说，失败并不可怕，可怕的是认为自己失败了。真正的失败往往是败而失志、一蹶不振，而所有的成功都从失败中奋起、在开拓中前进。

伟大发明家爱迪生为了找到不易烧断的灯丝，经历了无数次试验，也遭受了无数次失败。

一位年轻的记者曾问他："爱迪生先生，你目前的发明曾失败过一万次，你对此有何感想？"

爱迪生回答说："年轻人，因为你人生的旅程才起步，所以我告诉你一个对你未来很有帮助的启示。我并没有失败过一万次，只是发现了一万种行不通的方法。"

对于爱迪生来说，失败并不可怕，而是通往成功的一个脚步。在创新的道路上，失败不是结果，只是一种过程，一种教训，更是一笔财富。在创新的道路上，没有"胜者王侯败者寇"的论断，只有"失败是成功之母"的箴言。

第二，要自强自信。因为创新的道路充满荆棘，所以管理者就要有越挫越勇、知难而上的豪气。管理者只有充满自信，才能在遇到困难或者失败之后，鼓起勇气继续前行。管理者唯有自强，才能充分发挥自身的潜能。

然而，自信并不是一味蛮干，而是在明确自身优缺点的基础上扬长避短；自强更不是逞强，自强者能够冷静地分析局面，善于审时度势，且执着于目标。

第三，要善于分析问题，另辟蹊径。当管理者面对困难和失败时，除了要正确看待之外，还要善于用新眼光观察问题，善于从失败中挖掘、发现背后的问题，另辟蹊径，使问题得以圆满解决。

柯特大饭店是美国加州圣迭戈市有名的老牌饭店之一。随着每天客流量的加大，原先配套设计的电梯已无法承载这么多顾客。

于是，饭店老板打算对电梯进行新一轮的改建。他请来了全国一流的建筑工程师，与他们一起进行商讨如何改建。

经过激烈的讨论后，建筑师的结论是：饭店需要换一台大的电梯，但是，在施工改建期间，饭店必须停业半年。

饭店老板满脸疑问："除了停业改建，还有其他的方法吗？要知道，停业半年对于饭店意味着损失惨重！"

建筑师确定地说："只能如此，没有更好的方案了。"

此时，饭店的一位大堂经理正好经过大厅，听到此结论后，开口说道："饭店不用停业，电梯改建工程也可照常进行。"

"这不可能！你能怎么办？"建筑师不屑地问道。

"很简单，如果将电梯装在饭店外面，就不会影响营业了，而且还是饭店的创新之举，必定会迎来更多的顾客。"大厅经理说道。

建筑师和老板听后都惊讶得说不出话来。

不久后，这家饭店的外面就安上了电梯。在建筑史上，这是第一次把电梯安在外面。

本来很棘手的问题，但是通过突破旧框架，从传统的桎梏中挣脱出来，进一步拓宽剖析问题，运用新思路来解决问题，不仅使问题得以解决，而且达到了事半功倍之效。

正如 NBA 篮球巨星詹姆斯在总结成功经验时说："你可以超越任何障碍。如果它太高，你可以从底下穿过；如果它很矮，你可以从上面跨过去。总会有办法的。"

在创新的过程中，一时一事的失败是常有的。面对失败，既不应退缩，更不能失志。面对困难，要善于变通，坚信"世界上不存在困难，只存在暂时还没想到的方法"。

31. 为什么创新的突破口藏匿于细节之中?

伟大的创新往往源于瞬间的灵感,管理者应善于关注生活中的每一个细节,在细节中寻找创新的种子。

有一次,富兰克林与朋友在一起饮酒。此时,一只苍蝇却掉进了富兰克林的酒杯里,不久,酒杯里的苍蝇便一动不动了。富兰克林心想,苍蝇肯定是被酒精醉死了,于是,立刻将苍蝇从酒杯中捞了出来。

然而,过了一会儿,原来一动不动的苍蝇竟然在阳光的照射下奇迹般复活了。只见它扇扇翅膀,一个翻身便飞走了。

对此,我想大多数人只是一笑而过,并不会由此引发什么联想。因为在常人看来,这只不过是生活中微不足道的一件小事而已。

但是,富兰克林却没有忽视这件小事,而是由苍蝇的"死而复生",联想到了生与死的转化,进而联想到了人的生命也可以保存。

富兰克林想到,既然苍蝇在酒里的时候,一动不动;但在阳光下,由于它体内的酒精蒸发了,便又复活了。这就说明苍蝇在酒杯里并没有真正死去,只是暂时降低了生命的强度而已。

于是,他得出这样的结论,人的生命也可以像这只苍蝇一样被保存下来。对此,人们根本无法相信,更有人嘲笑富兰克林异想天开。

事实证明,富兰克林的这一想法并非天方夜谭,不可实现,而是很具创造性。在美国,有些人将受精卵保存在液氮中,需要的时候就可进行人工繁殖;还有许多珍贵生物的细胞、DNA 也用类似的方法保存在生命银行中。

富兰克林通过细心的观察,积极的思考,创造性地联想到了保存生命的方法。由此可见，细节之中孕育着创新，生活中的细节也可引发大的构想。

正所谓"不择小流方以成大海，不拒杯土方以成高山"。企业创新同样如此，管理者需深知细节是创新之源，创新并非一定始于宏伟的目标。

管理大师彼得·德鲁克曾说："行之有效的创新在一开始可能并不起眼。"

一个不起眼的细节，往往会造就创新的灵感，从而让一件简单的事物产生一次超常规的突破。但是创新并非只是嘴上说说，空喊口号，而是需要管理者真正地融入生活，用心观察生活中的细节。

广东有一家炉灶设计研究企业，近日，该企业根据市场需求，新研制出了一款酒精气化炉。投放市场后，有客户反映，气化炉唯一的不足就是炉小锅大，放置不稳。

为此，企业管理者冥思苦想解决办法，为了使之稳固，可以在炉体上安置支架；但是这样改造之后，最大的问题就是不利于储存，这该怎么办呢？

一天，该企业的管理者无意中看见一个杂技表演：坛子里装一个人，里面的人可以伸出手来取东西，之后又缩回去。

这一幕深深触动了该管理者，他心想，炉体的支架是不是可以做得像人的胳膊一样，使用的时候可以支起来，不用的时候就可以缩回去？这样既方便使用又不会占用储存空间。

经过精心设计，"带胳膊"支架的酒精气化炉一经上市，便受到了消费者的一致好评。

成也细节，败也细节。企业创新更不能忽视"细节"的作用。有些管理者总是抱怨没有创新的机会，那是因为他们只知道抬头看"天"，而没有低头望路。这些人的目光往往只会专注于震惊一时的大事，而不会关注细节，甚至有人错误地认为："拘于细节势必妨碍创新。"

殊不知企业的管理是由一连串的细节连接而成的，发明创造的新契机往往就是某一个细节的发现。无视细节，就找不到创新之门；放弃细节的创新，就等于放弃企业的卓越发展。

管理者如何进行细节创新？

第一，要摆正心态，正确看待细节创新。很多管理者对于细节创新不屑一顾，错误地认为企业创新要"抓大放小"，因此，对于那些极有价值的细节创新置之不理。

作为管理者，应该正视细节创新，懂得创新并无大小、先后之分。很多伟大的创新都是从不起眼的细节开始的，创新源于细节。

第二，要在生活中时时用心，刻刻在意。细节的创新往往能反映企业管理者的内在素质和专业水平。丰功伟绩也是由琐事积累而成的。管理者只有注重生活中的细节，做到时时用心，刻刻在意，才能发现创新的契机。反之，管理者即使遇到了好的创新细节，也可能会与创新失之交臂。

由此可见，细节的创新并不神秘，但需要培养发现细节创新的本领，管理者要从细枝末节处多长个"心眼"，才可迸发智慧，创意无限。

第三，要善于运用跨越式平行思考。

美国科学家斯宾塞原本是电子管技术领域的专家。

"二战"期间，斯宾塞在测试新的磁控管技术时，偶然发现，口袋里的巧克力会因为接近磁控管而融化。

这件看似很平常的事情让斯宾塞联想到，如果磁控管的微波加热原理可以应用到家庭，是不是就能用类似的装置来实现食品的快速加热呢？

于是，经过他细心的研制，微波炉就这样诞生了。

我们在感叹斯宾塞敏感的技术洞察力的同时，也不得不为其跨越式的平行思维方式所折服。虽然看似简单：仅仅是把一个领域里的经验应用到另一个原本不相干的领域里。但这恰恰是创新的源头。

通过平行思考，就可以将原本不可能的事情转化成一个出色的创意，并完成一次伟大的创新。所以，管理者在生活中，要善于运用平行的思维方式进行思考，以碰撞出创意的火花。

如果管理者不能把握细节中的创新，那么所谓的创新只能是一句空话。创新不一定以大为美，管理者绝不能忽略企业管理中的每一个细节。因为创新的种子往往孕育于细节之中。

32. 为什么创新关乎企业存亡？

金蓝盟观点

> 不创新，就灭亡。创新，就意味着独享肥硕的市场，因为创意是能够迅速转化成财富的现金支票；而故步自封，只能招致灭亡。

亨利·福特是世界上唯一享有"汽车大王"美誉的人，是他将人类社会带入了汽车时代。

福特是一位农场主的儿子，从小就对机械充满了浓厚的兴趣。年轻时，他先后从事过机械修理、手表修理、船舶修理等工作。

到了 30 岁时，他的汽油机试制成功。两年多后，他的第一辆汽车也研制成功。

1903 年 6 月，福特与他人合作成立了汽车公司。福特推出"8 小时工作制"、"每天 5 美元"的工作理念。另外，他还发明了"生产流水线"，创造性地提出了"科学管理"的理念。在这些创新措施下，福特家族一度"富可敌国"。但是，福特的创新却逐渐走向了教条化。

20 世纪 20 年代，美国进入了大众化富裕时代。当时美国人的购车需求越来越多元化，更需要的是速度、造型、环保和个性化。可福特汽车依旧颜色单调，而且耗油量大、排气量大，完全不符合当时的时代要求。

小福特建议老福特推出豪华型轿车，老福特不但没有采纳，甚至还亲自用斧子劈毁了儿子设计的新车型。

而通用汽车和其他几家公司则紧跟市场需求，生产出了节能、低耗的小型轻便汽车。在 20 世纪 70 年代的石油危机中，通用汽车一跃而上，福特汽车却濒临破产。

此时，老福特才意识到自己判断错误，但为时已晚，老福特不禁感慨地总结说："不创新，就灭亡。"

直到今天，福特汽车也没能回到它昔日龙头老大的宝座上。

市场竞争从来就是残酷的，危机总会在不知不觉中到来，面对这样的局面，企业要么领先，要么就被淘汰出局。即使是曾经辉煌一时的福特汽车公司，如果不能在不断创新中提升自己，也会濒临破产。

1928 年，保罗和约瑟夫从芝加哥一家倒闭的蓄电池公司购买了整流器业务，创立了摩托罗拉公司的前身——高尔文制造公司。

摩托罗拉从生产第一台汽车收音机，到进入家庭收音机领域，再到寻呼机的面世，一直到今天成为世界无线通信业的巨头，摩托罗拉已经走过了 80 多个春秋，至今仍保持着旺盛的生命力。它的秘密何在？

摩托罗拉之所以能够基业长青，是因为它有三"新"法宝，即不断地创造新产品，开辟新领域，占领新市场。

管理者应如何创新？

第一，要敢于说"不"，敢于质疑。

在一个小城镇，有位开锁专家以技术精湛、手艺高超著称，他自己也曾扬言没有他打不开的锁。

一天，镇里的一个人想要捉弄一下这位专家。于是把他叫来，并将其关在一个注满水的箱子里，并将箱子锁上，请这位专家进行"水中开箱逃生"的表演。

一切准备就绪之后，专家开始了他的开锁逃生表演。然而，专家开了20分钟之久仍不能将锁打开。又过了一会儿，这位专家已用尽全身解数还是不能将锁打开，无奈之下，只好放弃。

此时，观看表演的人，不禁哈哈大笑起来。原来这把锁根本就没有锁死，只需轻轻一拉便开了。

其实，在企业管理中，很多管理者的头脑中也有一把锁，这把锁将其思维牢牢锁死，使他们在问题面前，束手无策、毫无创新。要想将锁打开，就需要管理者敢于质疑，敢于说"不"，大胆开拓创新。

第二，要拥有"整天想着去发现"的心态。管理者只有具有"整天想着去发现"的心态，才能够激发管理的热情，才能在日常的管理中发现创新的机会。正如"机会只会垂青有准备的人"，同样，创新也只会垂青那些善于去发现的人们。所以，管理者拥有探索、求知的心态，才会创意无限。

第三，要善于运用集体的智慧。管理者不仅自身要具有创新的意识，而且还要发动员工运用集体智慧进行创新。因为"你有一个思路，如果别人再给你一个思路，你就会有一个全新的思路"。

当今时代，是一个充满机遇、挑战和变数的时代。对于管理者而言，无论是高明独到见解的产生，还是高妙、科学决策的制定，都离不开创新思维的运用。一个懂得创新、敢于创新的管理者，往往具有喷泉般的不竭才思，具有丰富的想象力和创造力，对事物具有独到深刻的见解，善于打破常规，能够创造性地开展工作，因而具有强烈的魅力。

创新已成为推动管理者活动的不竭动力，是衡量管理者的水平与能力的重要标志，是团队永葆生机的力量源泉。不创新，就灭亡。作为一名管理者，应不断加强自身的创新素养，提升自身的创新能力，在管理活动中积极追求创新，以新的工作思路及新的管理行为去取得新的工作业绩，创造新的未来。

危机成就最大商机

商业环境瞬息万变，企业的生存压力与日俱增。一件偶发的危机事件、一次不当的危机处理都可能威胁企业的生存和发展。然而，老子在几千年前就曾说过"福兮祸之所伏，祸兮福之所倚"。因此，企业危机是经常发生的事情，关键在于正确应对。

当危机全面来袭时，管理者在警惕防范危机发生的基础上，如何为企业构筑一道危机防范的天盾进行有效的防范？当危机发生后，如何迅速处理危机，将负面效果降到最低，甚至以此为契机开创一片新天地？这都是管理者必须考虑的问题。

33. 为什么只有居安思危才能永立不败之地？

金盘盟观点

企业要在日益激烈的市场竞争中获得成功，管理者除了具备运营企业的卓越能力之外，还必须做到居安思危。

任正非在《华为的冬天》中意味深长地说："十年来我天天思考的都是失败，对成功视而不见，心中没有多少荣誉感、自豪感，而是怀有深深的危机感。也许正是这样，华为才存活了十年。我们只有一起来想怎样才能活下去，企业才能存活得更久一些。"任正非不仅在自己的心中常怀危机感，而且还对每个华为员工灌输危机感：在高科技行业要么成为领先者，要么被淘汰，没有第三条路。

在华为员工中广泛流传着这样一则故事：一只山猪正在大树旁勤奋地磨着獠牙，狼看见后惊奇地问："现在又没有猎人追杀你，你为什么还要磨牙，何不躺下来好好休息？"山猪看了狼一眼，认真地回答："等到猎人真来追杀时，我再想磨牙恐怕就来不及了！"

正因为华为上上下下都怀着危机感，华为的业绩才会蒸蒸日上，企业才得到了又好又快的发展。

企业的发展过程一如人的成长过程，难免遇到各种风浪与挫折，在各种内、外部因素的交错之下，危机的发生也就具有了其必然性。当同样的危机来袭时，有的企业可以镇定自若，在最短时间内平复危机；而有的企业却应对无措，损失惨重，甚至遭到灭顶之灾。

许多管理者凭着自己的才能使企业渡过创业期的惊涛骇浪，发展期的万水千山，成功抵达辉煌的彼岸。然而当企业突然遭到危机的侵袭时，管理者却无法使企业摆脱兵败如山倒的局面，只能眼睁睁地看着企业由生龙活虎迅速转向奄奄一息，走向灭亡。

原因何在？主要是由于管理者在日常管理中没有做到居安思危。当危机真正发生时，管理者只能陷入手忙脚乱的境地，不能很好地化解危机，降低危害。

管理者如何做到居安思危？

管理者要在管理中做到居安思危，应从以下三方面入手：

第一，增强危机意识。海尔领导人张瑞敏曾说，作为一名管理人员，看不到工作中存在的问题才是最大的问题。作为一名合格的管理者，务必要时刻保持一种"如履薄冰"、"战战兢兢"的居安思危意识，而不应盲目满足于已取得的成绩。

"凡事预则立，不预则废"，管理者要树立风险意识，对可能出现的困难有所准备，只有这样才能避免那些可能发生的危机；而当那些无法回避的危机发生时，管理者也不会感到惊慌失措、无从下手，从而更好地化解危机，把危机带来的损失降到最低。

第二，采取切实有效的行动。居安思危不能只是一句口号，管理者应将之付诸行动。管理者应改变"重危机处理，轻危机管理"的错误思想，把危机管理落到实处。

危机管理的过程主要包括三个阶段，即危机预防、危机化解、危机总结。管理者应在企业内设置危机预警系统，随时随地跟踪、监控所择定的环境因素，一旦发现某种异样迹象，迅速采取相应的应变对策，争取将危机消灭在萌芽状态；当危机真正发生时，管理者应打破常规，按照危机管理计划启动危机管理应急预案，按部就班地展开工作，积极地化解危机，直至消除危机；危机平息以后，管理者应抓住机会，总结经验教训，做好危机综合评估，同时要对其他潜在的危机进行风险评估，防患于未然。

第三，建立"居安思危"的企业文化。众所周知，强有力的企业文化能影响人的潜意识、思维习惯等本能反应，因此管理者要充分认识企业文化对员工潜移默化的引导作用。管理者应通过对员工进行有计划、有针对性的培训和演习来建立"居安思危"的企业文化。

通过企业文化的强大作用，让"居安思危"成为企业管理者和员工根深蒂固的"条件反射"，随时随地敲起警钟，共同筑起"居安思危"的群体防线。

危机并不是随机出现的，它总是潜伏在没有危机意识的企业中。作为企业发展成败的中流砥柱，管理者必须居安思危，才能有改进的对策，才能对企业正确、快速的发展起到推动作用。明智的管理者总是能够居安思危，并在管理中不断强化危机意识，因此总能够未雨绸缪地主动应变，迅速作出正确的决策，化危机为机遇。

34. 为什么突发性危机关乎企业生死存亡?

金蓝盟观点

> 突发性危机关乎企业生死存亡,其危害有重化、连锁化、波及化倾向,因此管理者务必给予足够的重视,并努力从战略高度上提升自己的抗危机能力及危机管理能力,这样才能有力地保障企业持续的生存与发展。

任何事物的发展都有一个由量变到质变的过程,企业危机当然也不例外。企业的突发性危机之所以会突发,关键在于企业对危机事先没有充分的认识和准备,使危机的爆发具有了突然性。

企业危机的形成和演化大体分为酝酿与潜伏、明显与不明显征兆、发作与爆发、延续与危害、消退与痊愈五个阶段,管理者如能在相应的阶段采取积极有效的措施,就能把危机给企业带来的损失降到最小。

2005 年 3 月 23 日中午 1 点 20 分左右,美国发生了一起严重的灾难——英国石油公司 (British Petroleum, BP) 在美国得克萨斯州的炼油厂的碳氢化合物车间发生了火灾和一系列爆炸事故,15 名工人被当场炸死,170 余人受伤,另外还有许多在工厂周围工作和居住的人成为此次爆炸的受害者。

事故发生后,BP 首席执行官布朗勋爵和 BP 北美公司总裁罗斯·费拉里等高层火速赶到得克萨斯州,启动了公司重大危机应急预案。与此同时,BP 网站开始连续报道事故的最新进展。随后,BP 公司成立了独立的事故调查小组积极配合由美国化工安全与危害调查局 (CSB) 成立的专门调查小组对这起事故展开了深入细致的调查。此外,BP 公司还成立了一个专门的内部小组，审查其所有在美国的炼油工厂的安全状况。

5月17日，事故调查小组公布了初步调查报告，称因BP相关人员在异构化装置ISOM开车前和开车过程中的一系列失误，导致了这场严重的事故。对此，布朗勋爵向公众做了如下声明：得克萨斯州炼油厂的爆炸事件是英国石油近年来最糟糕的一起悲剧，我们将竭尽所能，确保不再发生此类事件，并将认真对待CSB的建议。同时，罗斯·费拉里也公开发表声明，承认爆炸是由于公司管理和操作上的失误而导致的，并向受到伤害的人们及整个得克萨斯城社区表示深深的歉意。他还表明公司会向事故中的受伤者以及死难者家属提供公平的赔偿。

随后BP北美公司开始通过律师主动联系死难者家属进行相关的赔偿事宜。为了加快并简化这一过程，BP北美公司与出现员工伤亡的三家承包商达成协议，对相关受伤人员及死难者家属承担赔偿责任。

BP公司除了接受CSB的2130万美元的罚款，还调拨了7亿美元专项资金用以赔偿受害者及解决针对该公司的指控，并宣布公司将在未来5年内投资10亿美元来提升自己的安全水平。

面对这次突发的重大危机，BP公司管理者表现出了成熟老练的危机管理能力：首先以一种负责任的心态迅速作出反应；其次积极采取有效的应对措施，力争化危机为转机；最后较好地化解了此次重大危机，使企业平稳地度过难关，重树良好的企业形象。

管理者如何迅速处理好企业的突发性危机？

通过BP公司管理者迅速化解企业突发的重大危机的例子，我们可以看到明智的管理者在面对突发性危机时，往往表现出以下几点：

第一，超前的危机意识。上面的例子提到，BP公司管理者运用成熟老练的危机管理能力，把事故损失减少到最小，使企业尽快转危为安，那么 BP 公司管理者为什么会表现出如此成熟老练的危机管理能力呢？原因就是他们没有把危机公关处理技巧视为在企业出现灾难时才用的救命稻草，而是把它作为日常管理中的一个经常性的管理项目。

可见，明智的管理者总是怀着超前的危机意识，他们明白风险无时不在，越是形势好就越要保持清醒的头脑，警惕风险隐患。

第二，沉着冷静应对危机。当不可预见的危机突然发生后，管理者要保持沉着冷静，认真分析危机，抓住主要矛盾，分清轻重缓急，做到有条不紊，从容面对。在应对危机时，管理者要以公众为中心，以公众关注的优先顺序来思考问题，寻找方法。

此外，管理者还要灵活应变，针对危机的具体情况灵活采用对策。

第三，果断有力地采取措施。平时，管理者作决策时可以多方酝酿，反复协商；但危急时刻"时间如金"，管理者的犹豫不决只会白白错失解决危机的最佳时机，给企业带来更严重的危害。因此，危急时刻管理者必须在深入了解、全面掌握真实情况的前提下果断作出决策，亲赴前线监督执行情况，对措施中存在的漏洞及时发现并立即弥补，确保各项补救措施落实到位。这样才能有效阻止危机继续蔓延、恶化，进而积极化解危机。

第四，保持畅通的信息渠道。有些管理者在面对突发性危机时，喜欢采用封锁消息的手段，希望能将危机给企业带来的不利影响限制在极小的范围内，对外往往是"报喜不报忧"。在资讯传播如此发达的今天，这样的做法不仅对危机的解决没有任何好处，反而会起到欲盖弥彰的效果，进一步损害企业形象，造成更为严重的后果。

当危机发生时，管理者要以最快的速度和负责任的态度展现在公众面前，通过正规的官方信息渠道表明态度，同时还要将危机的真相及企业已经采取的各项措施及时向公众发布，使公众在第一时间了解危机的发展及企业在危机中所表现出来的态度，争取公众的同情和信任，重塑企业形象。

第五，及时总结经验教训。每逢危机爆发，面对严峻的形势管理者通常会从善如流、广纳谏言，然而危机一过企业恢复常态后，管理者很快重新陷入繁忙的日常事务之中，看不到风险隐患，这是治标不治本之策。管理者在成功化解危机后，还有一项重要的工作——及时总结此次危机的经验教训，改进风险防范措施。这样才能不断增强企业抗风险的能力，为从容应对后面的危机打下坚实的基础。

危机是危险与机会的统一体。当企业陷入危机的同时，管理者可以通过有效的危机处理方式把风险转化为机会，使企业在危机过后树立更优秀的形象，推动企业更好地向前发展。所以，迅速处理好企业的突发性危机更能彰显优秀企业管理者的整体素质和综合能力。

35. 为什么人才职业信用危机频发的企业终将灭亡？

金蓝盟观点

> 人才流失给企业带来的损失不仅直接表现为该岗位的人工成本增大，还可能引起工作进度的拖延，甚至造成组织的瘫痪，更无法形成稳定的企业文化，影响团队士气和凝聚力。

当今社会人才的流动越来越频繁，人才职业信用危机已经成为不少企业管理者的一块"心病"。许多企业员工不辞而别，在工作交接、客户资源和企业机密等方面给企业造成损失的现象频频发生，造成这种现象的原因何在？

大体来说，人才职业信用危机的根源主要有两方面：一方面是人才自身的问题，另一方面是企业的问题。但是，如果一个企业的人才成批量的流失，那一定是企业方面出了问题。

> 企业出现人才成批量流失的原因有三种：管理者对人才"叶公好龙"；企业内关系复杂，派系林立，文化氛围差；薪酬待遇低，没有良好的晋升机制。

第一，管理者对人才"叶公好龙"。由于管理者嫉贤妒能，企业中即使有了人才也留不住。这样的企业永远也做不大，这是人才流失的一个重要原因。

第二，企业内关系复杂，派系林立，文化氛围差。在一些企业，管理者之间派系林立，关系复杂，人才在这样的企业中不知如何定位，处境相对较难，因此只好选择离开。有的企业文化氛围很差，企业的许多员工都是当一天和尚撞一天钟。人才在这样的企业里就成了另类，受到其他人的排挤，最终也会离开。

第三，薪酬待遇低，没有良好的晋升机制。薪酬是人才赖以生存和发展的经济基础，更是企业对人才价值的评价。如原在 TCL 集团担任要职的徐风云，跳槽到法国让·古戎公司之后，薪酬翻了 20 倍。这再一次印证了人们常说的那句话——金钱不是万能的，没有钱是万万不能的。此外，有些企业没有良好的奖优惩劣的制度，使优秀人才得不到更好的展示舞台，久而久之，只好选择另谋高就。

如今，人才流失成了许多企业的常态。那么，人才流失会给企业带来哪些不利影响呢？

众所周知：人才流失，轻则让企业伤筋动骨，重则让企业一蹶不振，甚至走向破产的边缘。具体说来，人才流失会给企业带来以下三点不利影响：

第一，人才流失会造成企业人才资源成本的损失。所谓人才资源成本，是指企业为获取人才，而对人才进行招募、选拔、录用、安置、定向以及培训等一系列过程中所支出费用的总和。企业人才的流失率过高，必然会增加企业的成本。

第二，人才流失会降低岗位的工作绩效。人才在流失前，由于心不在焉而造成工作效率低下；流失后，替补人员由于经验不足往往很难快速胜任该职位，必然会降低工作绩效。

第三，人才流失会挫伤职工队伍的士气。人才的流失往往会在更大范围内产生影响，特别是当人们看到流失的人才得到更好的发展机遇时，留在岗位上的人才就会产生动摇。

21世纪最"贵"的是什么？——人才。人才对企业的重要性是不言而喻的，人才流失给企业带来的损失是不可估量的。

管理者如何解决人才职业信用危机？

解决人才职业信用危机是一个长期、系统的工作，重点在于防而不在治。管理者只有不断提高人才职业信用与道德，才能避免人才的频繁、周期性流失，减小因人才流失给企业带来的损失。具体来说，管理者应从以下四方面入手：

第一，提供合理的待遇。薪水是企业管理中不可忽视的一个方面，待遇的好坏直接影响到员工的工作情绪。许多企业往往以提供行业内较好的待遇作为管理员工的利器，因为良好的激励模式能促使人才做出更出色的业绩。

第二，投入必要的感情。管理者应对人才投入必要的感情，争取在企业内创建一种让员工视企业如家的环境，这样往往会收到事半功倍的效果。如当员工家里出现困难时，企业及时伸出援手；员工结婚或家里出现老人病重、去世等情况时，管理者亲自到场祝贺或哀悼等，这些做法都会让员工感激，从而俘获员工的心，使其对企业怀有极大的忠诚。

第三，帮助人才做好职业规划。让员工成为企业的主人翁。这就要改变传统的监控式的管理方法，合理授权，权责一致，鼓励员工参与管理。进行大胆放权是管理者留住人才的重要方法之一。

第四，建立良好的企业文化。优秀的企业文化是企业的无形财富，它具有传统管理不可替代的凝聚功能、导向功能、约束功能和激励功能。管理者应善于塑造优秀的企业文化，确定企业与员工共同的价值观，提高员工对集体的归属感和责任感。

要成功塑造优秀的企业文化，管理者可从以下三个方面着手：

（1）建立企业人才流失预警机制和危机处理机制。

企业里一旦出现人才大量流失的情况，必将给企业带来沉重的打击。因此，企业的人力资源部门有必要设立人才流失预警机制，设定人才流失的安全系数。这就要求企业管理者建立和人才保持沟通的专门渠道，了解人才的意愿和需求，了解人才对企业的满意程度，从根本上防治企业人才的大量流失。此外，企业里一旦出现人才大量流失的情况，企业管理者应立即启动危机处理机制，争取把因人才流失对企业产生的影响程度降到最低。

（2）建立公平竞争，能者上、庸者下的用人机制和良好的工作环境。

在许多家族企业里，庸者身居高位但无人能动，帮派主义、小团体主义盛行，致使许多人才有能力但是得不到晋升，最后只好选择离开。这样的企业如果要更好地发展下去，管理者必须要打破原来的用人机制，在企业内通过公平竞争，建立起能者上、庸者下的用人机制，彻底解决企业内的帮派主义、小团体主义，给人才创建一个良好的工作环境。

在很多企业，员工发展都是"自古华山一条道"，但上海大众却针对不同岗位、不同风格的员工，在企业内设定了三条发展之道，即管理道路、专家道路与技能道路。这样可以确保员工根据自己的特长充分发展，在不同的领域实现自身的价值。这即是上海大众在人力资源管理方面的一个重要特色。

此外，上海大众还专门制定了"人力资源八项原则"等制度，把员工利益概念不仅仅局限在安全、待遇、福利等基础层面，还扩展到更高层面的"员工个人发展通道"体系。通过一系列卓有成效的用人机制，上海大众将企业的人才流失率控制在非常低的水平。

（3）运用法律。

企业可通过与企业员工尤其是核心员工签订劳动合同，对双方形成有机约束，从而降低企业人才的流失率。

任何危机一旦发生必然会给企业带来或大或小的损失，人才职业信用危机也不例外。人才职业信用危机一旦爆发将会给企业带来一系列的损失，如岗位业绩下降，企业利润减少，员工士气低落，用人成本增加等，因此管理者务必高度重视、积极预防，以免因疏忽大意导致人才职业信用危机在企业内大规模爆发，给企业带来无可挽回的损失。

36. 为什么危机又是企业发展的良机？

金蓝盟观点

> 危机是危险与机遇的集合体。危机到来的时候，愚昧的管理者看到的是危险，而明智的管理者则努力把握危机带来的机遇。

有人说商海莫测，企业犹如一叶飘摇的小舟，时而艳阳高照，风平浪静；时而阴云密布，波浪汹涌。的确，企业的运营少有一帆风顺，在成长的道路上，随时都有可能受到危机的侵袭。

1997年爆发的亚洲金融危机使许多企业受到了致命的打击：巨人集团名存实亡，郑州亚细亚、广东太阳神都濒临绝境；相反以三星为代表的韩国企业却在危机中抓住了机遇，取得了长足的发展。

作为市场经济主体的企业，能否通过危机的考验并顺利向前发展，关键在于企业管理者能否以开阔的视野、先进的管理方法来成功化解危机，并进一步抓住危机背后的机遇。

1988 年，麦当劳每天都会产生大量废弃的包装物，给社会增添了大量垃圾。许多环保人士对此严重不满，向麦当劳展开了强烈的攻击——指责其为破坏环境的杀手。很快，公司陷入了危机。

面对危机，麦当劳的管理者们做了深刻的反思，积极寻找解决的方法。他们认识到要成功化解此次危机，必须从危机的根源做起：改变产品的包装。为此，他们做了大量的试验，终于在两年后找到了解决的方法——取消贝壳式包装，代之以夹层纸包装，并且29%的包装采用再生材料。此外，麦当劳还将餐厅里的废弃物处理后当做肥料。通过一系列的变革，麦当劳80%的垃圾不用再送去垃圾站处理。

麦当劳的这场包装"革命"不仅很好地解除了环保人士对其的攻击，还受到消费者的热烈欢迎，被大家称为"绿色革命"。从此，麦当劳的发展又跃上了新台阶。

明智的管理者总能化危机为机遇，促使企业更快地发展。这样的企业远不止麦当劳一家。

2008 年 9 月，美国华尔街第四大投资银行雷曼兄弟宣布申请破产保护，全球金融危机从此开始蔓延。在这场愈演愈烈的危机中，无论是"武林至尊"还是"后起之秀"级的企业都面临着新机遇、新挑战。

在金融危机的影响下，全球各大银行陆续出现资金周转不灵的情况，许多企业也表现出诸如资金链中断、市场销量严重萎缩等负面连锁反应，而上海东吉数码科技有限公司（以下简称"东吉数码"）却逆势而上，既保证了公司的业务不受重创，又抓住了难得的发展机遇，成就了 MOSS（企业门户及协作平台）业务。

当许多被金融危机波及的企业纷纷采取压缩开支和成本以保证利润的对策时，东吉数码的总经理朱伟群却意识到只有提高企业 IT 系统的高效性才能提升企业的总体效益。为了把这一发现尽快与客户达成共识，朱伟群果断带领东吉数码的工程师们深入客户 IT 环境，诊断出现内耗的问题和原因。

经过一段时间的反复开导，客户终于与朱伟群达成了共识。朱伟群与东吉数码的工程师们又趁热打铁向客户提供了相关的 IT 技术和解决方案，很好地解决了客户的难题，因此得到了客户的一致好评，东吉数码的业绩也随之出现了大幅的上涨。

危机在提高企业运营风险的同时也隐含着企业发展的良机，管理者应当密切关注危机引起的企业运营环境的变化，并据此作出适当的调整，来抵御危机对企业的侵害，同时还要用长远的战略眼光来捕捉危机背后的企业发展契机，促进企业快速发展。

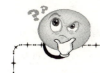

管理者如何把危机转化为企业发展的良机？

第一，及时调整运营战略。危机当前，企业可能会减少新产品的研发，展开对竞争对手更强势的攻击，因而企业间的竞争会更加激烈。运营环境的改变使企业原先的运营战略受到了很大限制，不能很好地适应新的形势，必然会影响到企业的发展，此时管理者应认真分析新形势，积极采取应对措施，在企业运营战略上作出适当的调整。

在 20 世纪 30 年代经济危机爆发时，社会上呈现出一派萧条的景象。面对困境，上岛咖啡的管理者们没有消极地对待它，而是积极地寻求提升企业利润的新方法。做了大量的调查后，上岛咖啡的管理者们发现：即使在经济危机时期，人们最想做的事不是天天愁眉苦脸地面对没有希望的生活，而是希望能给自己一块休息的空间，一份看似体面的生活。这个发现让管理者们激动不已，随后作出这样的决策：上岛咖啡要改变以往那种稳步发展的战略，采用快速扩张的新战略。

很快许多装修典雅、环境温馨的上岛咖啡新馆开业了。三五成群的朋友，谈恋爱的情侣像发现了新大陆一样来到了这里，喝着美味的咖啡，尽情地谈天，得到了很好的享受，从此人们把上岛咖啡馆当成了心灵休息的空间，经常光顾，上岛咖啡也成为家喻户晓的品牌。

危机下，上岛咖啡的生意不但没有受到影响，反而大增。这再次证明了危机之中隐藏着机遇，谁能发现并抓住机遇，谁就能成就自我。

第二，降低运营成本。危机下企业的外部环境比较严峻，企业只有通过不断降低运营成本，才能获取新的利润增长点，提升企业竞争力，从而更好地抵御危机给企业带来的危害。因此，低成本战略就成为企业取得竞争优势的重要砝码，进一步降低企业运营成本便成了管理者迫切需要解决的难题。

在减小风险、稳健经营的前提下，管理者要优化生产要素配置，降低原料采购、生产、运输、销售成本，根据市场需求开源节流，并根据具体环境调整产品结构，努力实现企业低成本扩张，最大限度拓宽企业生存空间，增强抵御风险的能力。

许多在危机下脱颖而出并成为行业领先者的企业，都表现出相同的特征：即使在环境较好的情况下它们也注重在不影响企业长期健康经营的前提下尽可能地降低成本。因为这些企业的管理成本及企业运营比较灵活，所以当危机到来时，它们可以根据环境的变化来重新部署资金、资产、人力，进而能够在短期内快速将企业的运营成本降至更低。

第三，转变生产方式。在改革开放的大环境下，许多企业多年来的生产方式普遍表现为高消耗、高污染、产品同质化、技术含量低的状态；危机下企业的运营环境发生了明显的改变：出现了资本世界的融合，实现了全球经济一体化，又遭到低碳经济、贸易保护的挑战，此时管理者如不能根据环境变化及时转变企业的生产方式，企业终将被市场无情地淘汰。

要实现生产方式的转变，管理者应在技术、管理、营销以及企业文化等方面全方位的自主创新，这样才能打造出企业的核心竞争力，使企业逐步摆脱同质化竞争，以更加优质的自主品牌形象，不断开拓国内、国际两个市场，从而为企业的生存与发展创造更加广阔的空间。

第四，强化企业管理。顺境下，企业管理中的许多问题往往会被业绩所掩盖；但在危机下，企业的"短板"将会逐步显现出来。管理者应把危机当做强化企业管理的难得机遇，努力改变企业管理中存在的问题，不断提升企业的竞争力。

"晴天打鱼，阴天织网。"管理者要清楚地认识到：企业的综合实力是企业生存的根本，是战胜危机的最好武器。在无法扭转外部大环境的情况下，管理者只能从企业内部加强管理，苦练内功，这样才能保证企业平稳渡过环境危机，健康稳步向前发展。

在如今这个复杂多变的世界，企业经营环境充满着各种不确定性，经济全球化带来的经营国际化，更加重了对企业的压力。在这种形势下，企业的兴衰成败在更大程度上取决于企业管理者是否具备将危机转化为企业发展良机的能力。企业管理者不但要善于审时度势，抓住机会进行变革，而且还要在变化中把握商机，两者是相辅相成的。

细节决定整体

米开朗琪罗说："在艺术的世界里，细节就是上帝。"同样，管理也是一门艺术，在管理的世界里，细节就是成功的原始动力。管理者不缺勤劳也不缺智慧，最缺的往往是做细节的功力。要成为一名卓越的管理者，要成就一番事业，我们必须从简单的事情做起，从细微之处入手。

37. 为什么天下大事必做于细？

> 天下大事必做于细。细节是一种创造，同时也是一种功力。

三国时期，诸葛亮因错用马谡而痛失战略要地——街亭。在蜀军上下还来不及伤心之时，魏将司马懿已乘势率领大军 15 万向诸葛亮所在的西城蜂拥而来。

眼看已是兵临城下，诸葛亮的身边只有一群文官，竟无一员武将。就连仅有的 5 千军队，也有一半被派出城押运粮草去了，只剩 2500 名士兵守在偌大一个城里。

司马懿带兵前来的消息在西城迅速传播开来，众人一片惊慌。诸葛亮登上城楼，查看军情，随后不动声色地安抚众人说："大家无须惊慌，我只需略用计策，便可叫司马懿即刻退兵。"

遵照诸葛亮的命令，士兵把所有的旌旗都藏起来，把四个城门打开。在每个城门之上，20 名士兵装扮成百姓模样，若无其事地洒水扫街。而诸葛亮自己则镇定自若地手拿羽扇，头戴纶巾，在两个小书童的陪伴下于望敌楼前凭栏坐下。在手下燃起一炷香后，诸葛亮径自缓缓抚起琴来。

司马懿的先头部队很快到达城下。当他们见到诸葛亮在城楼燃香抚琴的悠闲神态，竟都不敢轻易入城生怕其中有诈，急忙返回向司马懿汇报。司马懿听后半信半疑，于是亲自飞马前往查看。

司马懿快马加鞭赶到离城不远之处，果然看见诸葛亮正端坐于城楼之上燃香抚琴，一左一右还分别站着一个书童。两个书童一个手捧宝剑，另一个则手捧拂尘。而城门里外，20 余个百姓模样的人在低头洒水扫地，全然没有大敌当前时该有的慌乱之色。

看到这一切，生性多疑的司马懿疑惑不已。思来想去，他最终认定这是诸葛亮的阴谋，于是命令各路兵马迅速撤退。

空城计中，诸葛亮不费一兵一卒就将司马懿的大兵逼退，相信看过《三国演义》的人大都会不由得赞叹其卓绝的勇气和智慧，感慨其对于细节的关注。

试想，如果诸葛亮不是抓住了司马懿生性多疑的特点，并将每一个细节都布置得天衣无缝，怎能骗过老奸巨猾的司马懿？又怎能留下战争史上的奇迹？

试想，假如有一个扫地的士兵露出了慌乱的神色，假如他的纶巾系得不端正……任何一个环节露出蛛丝马迹都将功亏一篑，前功尽弃。

在职业棒球赛中，一名二线击球手的平均命中率为 0.25，职业棒球巨星的命中率为 0.3。这微乎其微的 0.05 正是优秀击球手的创造、功力所在。正是 0.05 的差别使得二线击球手与巨星的职业生涯有着天壤之别。企业管理有时就如同一场棒球赛，一位普通的管理者与一位成功的管理者之间的差距往往就在这 0.05 之间。

德国东方饭店由于服务质量好而受到世界各地顾客的追捧。王全在第一次入住后就迅速感受和喜欢上了其良好的服务。

一年后，已成为一家酒店经理的王全为自己苦心经营的酒店迟迟没有起色而苦恼不已。一个偶然的机会，王全想起了自己曾入住过的那家德国饭店。为寻找更好的酒店管理方法，他再次赶赴德国取经。

这天下午，当刚下飞机的王全再次走进东方饭店的大堂时，负责接待的经理微笑着问候："欢迎您王先生！"王全不禁一愣，反问："你怎么会知道我姓王？"经理微笑着解释说："我们饭店有规定。服务人员必须要背熟所有客人的姓名。一年前，您在我们饭店住过，所以我们就记住您了。"

王全一听，大吃一惊。在此之前，王全也曾在世界各地的多家高级酒店住过，但这种情况还是第一次碰到。

随后，当王全走进餐厅，服务小姐微笑着问他："王先生还要老位子吗？"这次王全更吃惊了。看到他吃惊的样子，服务小姐主动解释说："我刚刚查过电脑记录，去年的 6 月 8 日，您在靠近第 5 个窗口的位子上享用过晚餐。"

一个星期后，当王全从德国回到饭店后，他已经明白自己的酒店与东方饭店有差距的原因就是对细节的关注程度不同。

行业中的佼佼者东方饭店在经营上并没使什么新招、高招、怪招。如果一定要说有什么高明的地方的话，那就是对细节的注重。在其他条件相差无几的情况下，东方饭店抓住了别人未在意的、不起眼的细节，把细节做成了一种创造，修炼成了一种功力。

管理者如何正确认识细节管理？

第一，改变心浮气躁、浅尝辄止的毛病。民间有这样一种说法："徐悲鸿的马，齐白石的虾。"齐白石画的虾可谓出神入化。曾经有一幅临摹至极的赝品就因为少了一根虾须而无缘进入博物馆。真品与赝品的差别就在这一根虾须之间，可见齐白石画虾功夫了得之处就在于细节。后来，鉴赏家们分辨齐白石笔墨真假的一个标准，就是画上之物与真实有无不妥之处。

第二，提倡注重细节、把小事做细的管理风格。"合抱之木，生于毫末；九层之台，起于累土。"艰巨的事业要从简单的事情做起，伟大的抱负要从细小的环节入手。每一条跑道上都挤满了参赛选手，每一个行业都挤满了竞争对手。在激烈的竞争环境中，注重细节是管理者的生存法则。

细节是一种习惯，一种积累，一种智慧。杰克·韦尔奇说："不要总是抱怨机会没有垂青于你，只要注意生活中的细微之处，你就会发现机遇无处不在。"

在今天激烈的社会竞争中，决定成败的必将是微若沙砾的细节。想成就一番事业，必须从简单的事情做起，从细微之处入手。

38. 为什么 1% 的失误会导致 100% 的失败？

金蓝盟观点

> 1% 的失误会带来 100% 的失败。

在英国民间流传着这样一首歌谣：缺了一枚铁钉，掉了一只马掌；掉了一只马掌，失去一匹战马；失去一匹战马，损了一位骑兵；损了一位骑兵，丢了一次战斗；丢了一次战斗，输掉一场战役；输掉一场战役，毁了一个王朝。

这首民谣讲述的是一场真实战争。

1485 年，英国国王查理到波斯沃斯征讨与自己争夺王位的里奇蒙德伯爵。决战前一天，国王责令全军将士严整军容，并且要把所有的战斗工具调整到最好的状态。一切就绪后，国王查理吩咐自己的御用马夫杰克牵着战马到铁匠铺里钉马掌。

技艺娴熟的铁匠不知道已经为多少战马钉过马掌，但是今天他却感到了为难。因为钉马掌用的钉子用完了。铁匠只好再请求杰克等待。

但时间紧迫，杰克实在等不及了，于是牵着这匹脚掌少了一颗钉子的战马匆匆离开了铁匠铺。

战争开始了，战马载着国王查理冲到了战斗的最前沿。然而，没有钉牢的马掌忽然掉落，战马瞬间翻倒，国王查理则被伯爵的士兵轻而易举地俘虏。就这样，这个庞大的王朝就因为一颗铁钉顷刻间毁灭。

一般来说，我们都会认为 100 减去 1 还剩下 99，可事实上，更多时候 100 减去 1 等于 0。一个微乎其微的细节足以引起轩然大波，一次无意的疏忽足以导致 100% 的失败。

某企业这些年因为往欧洲出口冻虾仁而获得迅速发展。有一天，欧洲商家突然向企业管理者提出退货要求，并且要求索赔。原因是欧洲方面的检验部门从 1000 吨出口冻虾中查出了 0.2 克氯霉素，即氯霉素的含量占被检货品总量的 50 亿分之一。

企业管理者自认为生产加工过程严格，但经过仔细调查，终于发现问题出在加工环节。原来，剥虾仁的工作是要靠手工完成的。在生产的过程中，一部分生产人员因为手痒难耐就使用了含氯霉素的消毒水进行止痒。结果将氯霉素带入了冻虾仁。

"零缺陷之父"菲利浦·克劳士比说："一个由数以百万计的个人行动所构成的公司经不起其中 1% 或 2% 的行动偏离正轨。"在此，我们暂时无须去争论到底是因为欧洲国家对农产品的要求太苛刻，还是因为企业员工素质不高，或者是因为技术壁垒的原因造成这样的局面。"祸患常积于忽微，智勇多困于所溺。"一个无可争辩的事实是：错误，即便是 50 亿分之一的错误同样会带来毁灭性的打击。

管理者如何避免对细节的疏忽？

第一，制定严格细致的管理标准。海尔集团领导人张瑞敏说："把每一件简单的事做好就是不简单。把每一件平凡的事做好就是不平凡。"如何才能把每一件简单的事做好？制定严格细致的管理制度是最有效的方法。彼得·德鲁克说："管得好的企业，总是单调而乏味，没有任何激动人心的事件。这是因为，凡可能发生的危机早已被预见，并已将它们转化为例行作业了。为避免细节造成的损失，严格细致的管理标准是必不可少的。"

第二，把简单的事做正确。成功的管理很少有惊心动魄的时刻，而是建立在长年累月地做一些简单、细微的琐事之上。管理者只有踏踏实实地做好每一个简单，甚至乏味的细节，把最简单的事情做正确，才能真正避免疏忽，赢得胜利。

第三，检查每一个管理细节。要做到真正的细节管理，就要进行经常性的检查，这是对工作的跟踪，也是对细节的掌控。

麦当劳前总裁特纳在总结其经营管理之道时说："我们的成功表明，我们的竞争者的管理层对下层的介入未能坚持下去，他们缺乏对细节的深层关注。"

为避免一着不慎满盘皆输，管理者关注每一个细节才能赢得 100% 的成果。管理者日复一日都是在做一些小事，但若能把每一件小事做好、做到位就不会因为 1% 的失误导致全盘皆输。

39. 为什么唯有注重细节，才能成就管理？

> 唯有注重细节，才能成就管理。

有个青年立志要做飞行员，这一天，他费尽周折地找到了正在工作的奥卡将军，希望他能给自己提供帮助。

奥卡将军微笑着看看眼前这个热情的年轻人，并没有马上给予答复。恰在此时，奥卡将军要出门办事，于是就叫年轻人与自己同行。

在一切事务处理妥当之后，奥卡将军对青年说："对不起，年轻人，就我目前的观察来看，你还不适合做飞行员。"青年听了既疑惑又有些不平。

看着青年不解的脸，奥卡将军又说："我们认识的时间虽然只有一天，但在这一天中，我已经发现有四件小事妨碍你成为一名优秀的飞行员：第一，在第一次走进我的办公室时，你直接敲了我办公室的门，而没发现你右手边的门铃；第二，在我们乘车时，你找不到自己刚买不久的车票；第三，在我让你记下我下次需要拜访的朋友的地址时，你竟不知道自己是否把笔带在了身上；第四，你把门牌号记错了一个数字。"

看着有些羞愧的青年，奥卡将军继续问："你认为人们会把自己的生命交给一个不注意细节的人吗？"

有人说"做大事的人就应该不拘小节"，许多细节只是小事一桩，不必过度在意。而卡耐基却说："一个不注意小事情的人，永远不会成就大事业。"

人们在形容美国时常会使用这样一句短句：一个坐在车轮上的国家。

在世界汽车发展史上，美国是第一个以流水作业的生产方式把汽车变成普及性商品的国家。

但从 20 世纪 70 年代到 90 年代，自日本汽车大举打入美国市场，美国汽车节节败退，其汽车制造王国的皇冠一度被日本抢占。

日本汽车能把"世界第一汽车制造国"拉下马，使用的是什么高明的招数？其实很简单，日本成功的所谓绝招就是注重细节。

关于日本人对于细节的注重，事例多不胜数。19 世纪末，日本军方在参观清朝 7000 吨级的"定远"、"镇远"等大型军舰时，通过观察清军没有擦拭干净的舰炮和水兵们随意晾晒衣服就判断出了北洋舰队真正的实力。随后，在 1894 年发生的中日甲午战争中，清政府苦心经营多年的、有"亚洲第一舰队"的北洋舰队全军覆没。

在这个高度竞争的年代，在这个细节决定命运的年代，成功就孕育在这些看起来毫不起眼的细节中。俄国著名文学家列夫·托尔斯泰说，"尊重细节才能扭转人生，做好细节才能实现梦想"。成功者的共同特点，就是能做好小事情，能够抓住生活中的细节。大部分成功人士都信奉这样一句话：成功源于细节，细节决定成败。从管理上来说，细节成就管理。

当平庸的管理者还躺在摇椅中幻想企业的美好远景时，卓越的管理者已在留心战略实施中的关键细节。

海尔集团的管理层有这样一句话："要让时针走得准，必须控制好秒针的运行。"而其管理层及员工更是以无微不至的"五星级服务"使海尔的品牌誉满全球、深入人心。每当上门服务时，海尔的维修人员总会随身拿出带着的一次性鞋套穿上，并自带饮用水，随身携带抹布做好维修后的地面清理工作，等等。

管理者如何提高对细节的关注能力？

第一，认识到细节对于管理工作的重要意义。注重细节首先必须严谨细致地认识细节、了解细节，认识细节对管理的重要意义。因为细节表现修养，细节体现艺术，细节隐藏机会，细节凝结效率，细节产生效益。细节强调的是严谨细致，实说实干的工作态度、作风和方法。

第二，培养和训练对于细节的关注。培养对细节的关注要从工作中的一件件具体事情、一步步实际行动、一个个解决办法和一条条补救措施做起。

任何小事都需要训练。以麦当劳和肯德基来说，其企业并没有多少技术含量可言，产品也异常单调，但却能每隔 17 个小时就在世界的某个角落新开一家分店，而且极少有倒闭的情况。

两家企业都有这样的规定：炸出来的土豆条一定要在 7 分钟之内卖到消费者手里，否则就倒掉；要求员工上班前一定要洗手，而且要洗两遍，第二遍一定要用 60℃的水，并用烘干机烘干。

他们成功的秘诀是什么？精细化的管理。他们为何能做到如此精细？因为前期的培养和训练。

成功者的共同特点，就是能做好小事情，能够抓住生活中的一些细节。老子在《道德经》中说："天下难事，必做于易；天下大事，必做于细。"在很久以前，老子就精辟地指出了想成就一番事业，必须从简单的事情做起，从细微之处入手。

40. 为什么细节只有用心才能看得见？

金蓝盟观点

> 细节——用心才能看得见细节。

在日本东京，有一家外贸公司与英国某家公司有着频繁的贸易往来。为此，日本公司经理的秘书经常需要为英国公司的经理购买从东京到神户的火车票。

不久后，英国经理发现了这样一件事：每次去神户时，座位总在右边窗口，返回时又总在左边窗口。

于是，英国经理微笑着询问日本公司的秘书小姐这其中的缘故。秘书小姐笑着答道："我们经理曾特意吩咐过我。车在开往神户时，富士山是在您的右手边；车在返回东京时，富士山是在您的左手边。考虑到外国人大都喜欢富士山的美丽景色，所以经理让我特意为您安排了不同的座位。"

之后，英国经理立即把这家日本公司的贸易额从 50 万英镑提高到 200 万英镑。

坐在左边还是右边到底有什么区别，就连英国经理自己都没有去在意，但日本经理却考虑到了。

惠普创始人戴维·帕卡德说，"小事成就大事，细节成就完美"。为什么对于一件同样看起来是微不足道的小事，管理者往往会有完全不同的处理方式？也因此得到完全不同的结果？能否看到细节的差别，就是用心与不用心的差别，它们所导致的结果是完全不同的。

一些不经意中流露出来的"小节"往往能反映一个人、一家企业深层次的素质。即便是对于一个如此小的细节，日本经理都能如此用心，可见这家日本公司是一个值得信任的合作伙伴。正因为有感于此，英国经理事后加大了与日本公司的交易量。

细节要用心才能看得见。如果不能做到用心，管理者就很难注意到细节；即便是看到了细节，也难以做到位。

用心管理，更多的是要求管理者能够在其位谋其职负其责，把该做的工作做好，把该管的人管好，真正担负起管理者的职责。

管理者的用心程度与其工作业绩往往是成正比的。因为一个用力的管理者，只能做到称职；只有用心的管理者，才能达到优秀。

除了在处理事情上要用心外，管理者在处理与下属的关系时也同样要用心。《孙子兵法》上说："克敌，攻城为下，攻心为上。"这句话用在管理上同样适用。

管理者与下属每日都在一起完成工作，这是一个共同创造的过程。而这个过程是否愉快和有成效，很大程度上取决于管理者是否用心。

在管理过程中，规划未来、部署工作要用心，指导员工要用心，开拓创新要用心，创造高绩效的团队文化要用心。只有不断用心，管理目标才能被完成并做得更好；只有不断用心，管理者和员工才能在工作中共同获得提高和超越。

管理者如何才能在管理中做到用心？

第一，要有尊重之心。管理者应像尊重自己一样尊重员工，将尊重贯穿于整个工作过程的始终。当下属感受到自己得到了尊重，他们才会真正发自内心地去工作。

第二，要有沟通之心。沟通对于做任何一项工作都有很重要的意义，尤其对于管理工作。通过沟通，管理者能很好地传达理念、表达想法，下属也能更愉悦有效地工作。

第三，要有期望、赏识之心。当管理者赏识下属，对其有较高期待时，下属会感到被激励。在工作中，管理者要用恰当的方式向下属表达自己的期望和赏识，并能持续不断地进行。员工感受到管理者的用心，就会受到激励，潜能就能不断被激发，管理举措自然也就能收到意想不到的效果。

细节既是细微的，又是具体的、实在的，需要用心才能发现。有人说，世界上并不缺少美，而是缺少发现美的眼睛。同样地，管理并不缺少方法或细节，而是缺少用心。

竞争意识缔造顽强生命力

达尔文说得好："物竞天择，适者生存。"没有竞争意识，就没有人类的日益壮大。正是有了竞争意识，人类才从众多生物中脱颖而出，成为世界的主宰。竞争意识对于企业而言，亦是此理。企业只有具有超强的竞争意识，不断提升自身在各方面的竞争力，才能在全球经济一体化的大潮中顽强立足。

41. 为什么速度是一种竞争力？

金盟联观点

现代企业竞争的决胜点，不再是大鱼吃小鱼，而是快鱼吃慢鱼。速度成为企业竞争的重要一环。

怎样才能让石头在水面上浮起来？用很快的速度掷出去———打水漂可以让石头浮起来！

——张瑞敏

《亮剑》中有这样一个故事：李云龙的部队与"暂编第七师"战斗，还没等对手架好大炮、摆好阵势，李云龙就带领部下以迅雷不及掩耳之势发动了攻击，结果一举击溃了敌人，并活捉了暂七师的师长。

俗话说，"兵贵神速"。李云龙部队胜利的原因就是利用速度优势取得有利的战机，一举击溃敌人。拿破仑在总结自己成功的经验时说："我的军队之所以常胜不败，就是因为在与敌人抢占制高点时，我们总是早到 5 分钟。"

在当今迅速变化的市场上，谁能以最快的速度，抢先在行业中占据市场，谁就能取得成功。

三星自创业初期，就在激烈的市场竞争中摸爬滚打，探索出一套行之有效的法则——速度定律。

三星的常任顾问尹钟龙认为，高科技产业中最重要的是速度，并在公司内提出了著名的"生鱼片"理论——新产品就像生鱼片一样，要趁着新鲜赶快卖出去，不然等到它变成干鱼片，就难以脱手了。"生鱼片"理论让三星员工牢牢记住了企业的速度定律。

当索尼与微软、诺基亚争夺知识产权的控制权时，三星在一边悄悄地等待着，当它们开发出技术应用之后，三星立即像睡醒的豹子一样，以最快的速度冲了出来，对别人的技术进行快速的修改后，火速推出自己的新产品，占领市场先机，通过打时间差赚取高额回报。

在三星管理者的严格要求下，三星公司的新产品往往比日本同行快 3 个月以上面市，后来三星又把速度提快，新产品上市的时间比日本同行提前了 1 年！在强大的速度攻势下，三星占尽有利的先机，而日本同行则以较差的销售业绩败下阵来。

速度战略使三星在数字时代称王。

生产排毒养颜胶囊的某厂家最先向消费者提出了"排毒养颜养生"的概念，并创造出独特的"通、排、补、养"的养生理论。

为了迅速扩大排毒产品的市场，该厂的管理者们在排毒养颜胶囊上市之前，就特意策划出版了《排毒与养生》一书，不厌其烦地向读者反复介绍毒素的成因和危害，并提出"体内毒素不排，健康从何而来"、"排出毒素，一身轻松"的口号。排毒养颜胶囊上市后，管理者又派人不间断地组织咨询促销活动，引导消费者。这些举措使"排毒养颜"的观念深入人心，消费者不断增多，产品市场不断扩大，并逐渐成为保健品市场中的主流产品。

虽然有许多后进品牌与排毒养颜胶囊展开激烈的竞争，但终因占不到有利商机以失败告终。

管理者要认识到，速度已经成为企业在激烈市场竞争中的一个制胜要素；成为企业间决战市场巅峰的一个基本条件。

管理者如何提升企业行动的速度？

现代企业的竞争是"快鱼吃慢鱼"，谁快谁就赢，这已成了人们的共识，而管理者要提升企业行动的速度，必须从以下三方面入手：

第一，要以身作则，带头执行。管理者的行为是员工的"风向标"，对企业的发展起着举足轻重的作用。企业战略制定以后，管理者应迅速从自身做起，紧紧扣住战略目标、重点方向及主要任务用实际行动将战略执行到位，做好员工快速执行的模范。

正如张瑞敏所说："领导者不以身作则，不带头执行，下面也不会有好的执行。"

第二，优胜劣汰，创造超一流的执行力。管理者在用人机制上必须遵循"物竞天择，适者生存"的原则，及时将那些不能胜任工作的员工淘汰下来，这样才能不断激励员工努力工作，提高员工的执行力。华为公司总裁任正非所采用的"末位淘汰制"即是很好的例子。

第三，强有力的核查，保证执行落到实处。对于分配下去的工作，管理者必须盯紧整个执行过程，加大核查的力度，要保证执行任务的每一个阶段和每一个环节都落实到位，这样才能更好地将战略决策变为现实。如果管理者不能做到常抓不懈、时时跟进，那么企业的工作就可能出现虎头蛇尾的情况，导致企业决策不能得到完全落实，严重影响企业的发展进程。

有了迅速高效的执行力，并不等于企业就能在竞争中快人一步、抢占先机。企业若想在激烈的竞争中以速度取胜，还应具备对市场快速反应的能力，这就要求管理者高度关注市场信息的变化，然后根据变化迅速对企业的发展战略作出适当的调整，使企业更快更好地适应市场的需求，采取又快又准的行动。这样，企业才能在竞争激烈的市场经济下成功抢占先机，获取丰厚的利润。

速度是万物生存与发展的基本法则。

42. 为什么仅靠卖"信用"，花旗就建立了世界最大的"金融帝国"？

金蓝盟观点

企业要占领市场先要有信用。花旗银行之所以能够建立世界最大的"金融帝国"，是因为它能很好地在全球卖"信用"。

"诚信"既是和谐社会的重要基础，也是企业的立业之基。综观中外的成功企业，无一不是以诚信为本而发展壮大的。

花旗银行向客户提出了"花旗永远不睡觉"的响亮承诺。为了实现这一承诺，管理者们在诸多努力下制定出一套完善的基础设施和高效稳定的应用系统，并让员工对此应用系统展开讨论。

几天后，有些员工反映这项系统要求呼叫中心24小时有人值守，会使公司增加大量的人力和财力，感觉有些得不偿失。管理者们看到反馈意见后却另有想法，他们认为相对于客户的信任与满意，公司多付出的那些资源是微不足道的，所以他们就开始把这项应用系统在公司内部推广开来。从此以后，花旗的任何客户在任何时刻打电话到呼叫中心，听到的都不再是令人失望的电话录音，而是工作人员亲切的问候。为此，花旗付出了高昂的代价，但是很好地实现了对客户的承诺，取得了客户的信任与好评。

凭借企业在客户心中良好的信用，花旗成功建立了世界最大的"金融帝国"：业务覆盖200多个国家；拥有33万名员工和2.2万亿美元资产；人均效益超过世界大部分银行；等等。

在市场经济中，信誉是企业的生命；企业信誉度的高低，直接影响到其生存和发展。管理者务必从战略高度认识到：规则和信用是市场经济的两大基石，只有诚实守信的企业才能在市场经济下更好地发展。

管理者如何提升企业诚信度？

诚信文化的缺失已经成为许多企业快速发展的拦路虎，迅速提升企业的诚信度成为塑造现代诚信企业的紧迫使命。

管理者应从以下四个方面入手，不断提升企业的信誉度：

第一，建立健全企业信用管理制度。企业制度是企业之"法"。建立并不断健全企业信用管理制度是管理者落实企业诚信文化的根本保证。制度约束可让员工对某种事物从一开始的不认同、不接受，强有力地转为服从与内化，最后自觉地改变心态并认同它。

管理者应把企业诚信文化渗透到管理过程中，通过制度这种外在的、硬性的调节，在企业内加以推广和传播，逐渐使之变为员工的自觉行动。此外，管理者还应根据制度实施的情况，及时进行修订和完善，使其逐步成为企业道德规范的重要组成部分。

IBM 公司的管理者把"诚信"和"顾客至上"作为公司的座右铭，提出"IBM 就是服务"的理念。在这种理念下，公司上下都把"用最大的诚意"来忠实顾客并满足顾客的要求当做自己做事的准则，并因此取得了巨大成功。

第二，切实提升管理者的人格信誉。提升企业诚信度，必先提升管理者的人格信誉，因为管理者作为企业的"顶梁柱"，其品格对企业信用起着很大的模范作用。

这就要求管理者严格自律，率先垂范。管理者应当以真正为大众服务、对社会负责的心态，以企业可持续发展的眼光，以绝不因眼前小利而失去诚信的做事原则，努力做到以德立威、以德修身和以德服众的境界。

管理者通过培养自己的诚信人格，树立起浩然正气，从而带动企业建立诚信的文化氛围。

第三，实施员工素质教育工程。企业的效益在市场，企业的根基在员工。提升企业诚信度的根本方法在于通过实施企业全员素质教育工程，提高企业全员素质。

管理者要以诚信为核心内容，有计划、长期不懈地对员工进行培训教育，使诚信的理念真正深入人心，使他们具有以诚待人、公平竞争的职业道德。

此外，在招聘时管理者要尽量录用那些具有诚实品德和过硬技术水平的人员，努力从源头上提升企业的诚信度。

第四，优化企业内部管理。这是提升企业诚信度的重要步骤。企业内部是人、财、物，外部是企业的形象、竞争力、信誉。管理者应从企业内部入手，通过优化内部管理来提升企业的外部因素。

通用电气（GE）成为唯一一家自 1896 年创立以来至今仍在《福布斯》

杂志排行榜上的企业，它的成功之道就在于前任总裁韦尔奇所倡导的"诚信"企业文化。在诚信企业文化的指导下，GE 公司采用的情感管理使公司从 1998~2001 年，连续 4 年被《福布斯》杂志评为"全球最受推崇的公司"。

GE 的情感管理包括：要求公司总裁和各级主管对员工坦诚相待，和每个员工保持开放、关怀的关系，并平等地进行面对面的沟通；要求每位主管妥善处理职工的来信、来访；公司最高领导人与全体职工每年举办一次生动、活泼的"自由讨论"等。通过情感管理，GE 的上下级之间互相尊重、彼此信赖，公司如同一个和睦、奋进的大家庭，公司在外部的形象、信誉度也越来越高，影响力也随之越来越大，成为全球最令人尊敬的公司。

诚信，不仅是企业对外树立良好形象的客观需要，也是企业理顺内部管理体制和经营机制，实现高效运行，凝聚员工队伍的内在要求。管理者只有从自身做起，把诚信作为为人处世的基本原则，并通过科学的方法在企业内建立诚信的制度与文化，才能促进企业长期、持续地发展下去。

43. 为什么只有满意的服务才能保证企业做久、做大？

金盘盟观点

在买方市场左右行情，各个企业同类产品在价格或质量上趋同时，更多地要靠为顾客提供满意的服务，才能保证企业做久、做大。

最成功的公司，总是将客户服务摆在产品服务的前面。一位美食评论家说过："最好的餐厅未必是你认为最美味的餐厅，但一定是服务非常好的餐厅。"

在竞争日趋激烈的市场经济下，企业与企业之间的客户抢夺战愈演愈烈，一般意义上的客户服务已不能充分满足现代顾客的需求，管理者必须认识到企业只有向顾客提供更加热情、优质的售前、售中、售后服务，建立起以客户为中心的服务体系，才能不断提升企业的竞争力，使企业在激烈的竞争中立于不败之地。

让顾客满意的优质服务包括：

第一，承诺服务。当今日趋白热化的竞争时刻包围着企业，管理者可以通过搞承诺服务提升企业在顾客心中的知名度及影响力。

奔驰公司的管理者曾在公开场合做了这样的广告声明：如果有人发现我们的奔驰有先天故障和破洞，我们公司便会奖励他1万元。顾客只要发现了具有上述问题的奔驰车，我们就会用最快的速度兑现承诺。这则声明让奔驰公司的知名度更上一层楼，奔驰汽车的销量也随之大增。

第二，个性化的服务。中国加入世界贸易组织后，经济全球一体化进程加快，市场竞争日趋激烈，产品严重供过于求，客户的选择余地越来越大。在产品竞争日渐趋同的情况下，个性化的服务就成为企业争夺客户的有力武器。

个性化的服务往往更有针对性，更能满足顾客的需求，在无形中增加企业的竞争力，因此管理者应针对不同顾客设计出个性化的服务策略。

花旗采取"一对一"的客户经理服务形式，与客户保持持续的良好关系。为了获得客户的忠诚，花旗银行的管理者除了选派最好的员工加强与客户的联系外，还不惜花费大量的时间亲自拜访客户并通过经常为客户举办招待酒会、宴会，邀请少数大客户周末去郊区活动，观看演出、体育盛会等各种活动和客户进行交流。

此外，花旗银行的管理者还根据客户的年龄、性别、地域、爱好、职业、收入、资产等标准进行细分，为不同客户提供个性化服务，因此在客户心中树立了不可替代的形象，牢牢巩固了自己在全球金融界的霸主地位。

第三，全方位的服务。即从顾客的需求出发，对顾客作出准确的定位，设计出全面的服务理念，在做好本职服务的同时不断完善其他方面的服务，尽可能达到顾客需求的全覆盖。如花旗银行对个人客户提供全面的商业银行服务，包括：资产管理、保险、个人理财、咨询顾问，甚至旅游服务等。

客户是公司的资源、根基和命脉，客户服务做得不好会使大量的客户流失，直接影响到公司未来的发展，因此，通过提供优质的服务，可以赢得客户的信赖和支持，为企业带来源源不断的效益。

花旗将特色服务当做企业的"生命线"，这种理念也成就了其事业的长期成功。

有这样一个小故事：一天临近下班时，一位40多岁的男顾客突然闯进了一家很小的花旗银行，要求得到一张最新的100美元钞票，在一个小时后作为礼物奖励给下属。银行职员快速拿出几张新的钞票，让男顾客挑选。那位男顾客在仔细察看后，对这几张钞票都不满意。职员对此颇感为难，因为他手里再找不出比那几张更新的钞票了。

此时，值班经理恰好从办公室走了出来。职员立即向经理汇报了此事。经理听后当即向那位男顾客表示歉意，并希望他稍等一会儿，由自己来想办法解决这个问题。值班经理不厌其烦地给上级打电话，说明了情况，向上级索要了行里保险库的密码，亲自从保险库里找出几张全新的100美元钞票供男顾客挑选。男顾客从这几张中挑出一张最新的钞票，感到很满意。男顾客道完谢转身离开时，值班经理又送给他一张写有"谢谢您想到了我们"字样的名片。

不久，那位男顾客就来到花旗银行开设了新账户。不到半年，该账户在花旗银行的存款就高达 25 万美元。

如今，产品同质化程度越来越高，市场竞争已从产品竞争、价格竞争转向日趋激烈的服务竞争，在这种形势下，管理者通过不断提高服务质量，增强企业的竞争优势，创造企业的服务品牌已变得刻不容缓。

管理者如何提升企业的服务质量？

提升企业的服务质量是一项复杂的系统工程，管理者应着重抓好以下四个方面：

第一，树立以顾客为中心的观念。要为顾客提供优质服务，管理者必须在员工间树立起并不断强化以顾客为中心的服务观念，并努力将之升华为一种企业文化。

管理者应让员工意识到只有充分信任并尊重顾客，真诚地视顾客为朋友，才能赢得顾客，进而赢得更大的市场，促进企业更好地发展。

第二，提高员工的素质。员工仅有热情还不够，必须具备专业知识与服务技能才能满足顾客的需求，所以管理者要定期给员工提供岗位培训，帮助员工提高专业技能及与客户沟通的技巧，培养他们处理应急情况的能力。

此外，管理者还应注重对员工个人素质的培训，通过建立员工信用档案，约束员工行为，提高员工的自身素质。

第三，建立健全服务质量体系。服务质量体系是服务思想的具体贯彻和实施，是服务水平得以不断提高的保障。管理者要本着科学、实用的原则在企业内建立并不断健全服务质量体系。

完善的服务质量体系应包括：服务质量实施机构、规划、标准、责任和信息反馈。有了规范的制度，管理者还应不断强化各项管理，用科学化、规范化的管理帮助员工把服务落实到位。

第四，建立用户档案。管理者应主动建立用户档案，对顾客实施"精细化"的人性服务。如当顾客生日时，管理者可安排员工向顾客发送别致的生日贺卡，或根据顾客的爱好派送各种酒会的贵宾票等。通过这种"精细化"的人性服务让顾客感受到"尊贵、贴身"的品牌服务，从而潜移默化地提升顾客的满意度。

总之，服务质量不仅是企业获得利润的源泉，而且是企业获得竞争优势的有力武器。管理者只有不断提高企业的服务质量，才能把企业做大、做强！

44. 为什么企业的品牌影响力关系到产品市场份额的扩大、竞争力的提高？

金盏盟观点

> 品牌是现代企业最珍贵的资源和无形资产。对于现代企业来说，能否实现市场份额的扩大和竞争力的提高，关键在于企业的品牌影响力。

在众多的消费品市场，同样质量的两件产品之间可能存在几倍甚至几十倍的差价，这是什么原因造成的？——品牌。

随着市场竞争的日益加剧和消费者消费心理的日趋成熟，现代企业之间的竞争已由产品竞争力转向品牌竞争力。品牌竞争力包含了企业在资源、技术、管理等方面的综合优势，是企业核心能力的外在表现。

品牌竞争力的外在表现是：企业产品高额的市场占有率、高附加值、生命周期长等。一家企业是否拥有强势品牌，将决定其在市场中的竞争地位。

20 世纪 80~90 年代初，三星还是廉价货的代名词。一次，三星集团总裁李健熙率团在美国市场考察。走进洛杉矶的一个家电商场，他们看到通用电气、索尼、飞利浦等世界一流公司的产品都干净、整齐地摆放在醒目的位置，各家的产品前都围着不少顾客，一派繁忙的景象；而三星的产品却灰头土脸地摆放在角落里，无人问津，与那些大品牌形成了鲜明的对比。看到这样的情景，李健熙的心深受震撼，他强烈地感受到品牌价值的重要性。

回到韩国后，李健熙开始了全力打造三星品牌的战略。三星对全球 50 余家广告代理公司进行整合，由 IPG 广告集团统一负责三星集团的全球品牌业务，从此三星的品牌形象得以简化和统一。

1997 年，亚洲金融危机爆发，三星受到了严重的打击，负债累累，一度徘徊在破产的边缘。但在这个生死攸关的时刻，李健熙力排众议，作出大胆决策：三星在负债 170 亿美元的情况下，于 1998 年出资 4000 万美元加入奥林匹克 TOP 计划（The Olympic Plan，全球赞助商计划），提升品牌形象。

1999 年，三星集团在经营战略上作出了有史以来最大的一次调整，从大规模 OEM 制造转向创新技术及产品。李健熙正式从集团层面组建了品牌战略团队，设立了"集团品牌委员会"，并设立每年预算高达 1 亿美元的集团共同品牌营销基金，以有效推进公司的品牌战略。从此，三星走上了品牌价值高速增值的快车道。

一系列卓有成效的运作使三星在短短的 10 年间从一个昔日名不见经传的廉价"大路货"一跃成为世界一流品牌，每年品牌价值呈数十亿美元递增；2005 年更是以 149 亿美元的品牌价值位列"全球 100 个最有价值品牌"排行榜第 20 位，并一举超越日本索尼成为全球电子消费品第一品牌；2007 年三星的销售额突破 1000 亿美元。

品牌是企业知名度、美誉度和忠诚度的叠加。拥有强势的品牌，是一家企业领先于其他竞争对手的独特能力，也是企业拥有高份额的市场占有率及高额利润的根本保证。因此，管理者务必高度认识品牌对企业竞争力的重要意义，在管理中持之以恒地推行品牌战略。

管理者如何打造企业品牌？

品牌的树立不是朝夕之功，必须经过长期的积累过程，管理者可从以下四方面着手打造企业品牌：

第一，严把质量关。产品是品牌的第一载体，产品质量的好坏将决定顾客对企业的认同与否。只有好的产品才能长久赢得顾客的青睐，因此优良的质量是企业构建强势品牌竞争力的内在基础。管理者一定要严把质量关，保证企业生产出高质量的产品。

"二战"前，日本人以制造伪劣产品昭著与世，"日本制造"一词成为取笑劣质产品的口头禅。后来，日本的企业管理者通过全面质量管理来努力提高产品的质量，使生产出来的产品质量得到了大幅度的提高，获得了全世界消费者的一致认可，从此"日本制造"成为了品质优秀的代名词。

第二，提高服务质量。服务是品牌的第二载体，有了好的产品还要有好的服务，才能让顾客感受到物超所值，从而培养对品牌的忠诚度。

管理者要狠抓服务质量管理，采用科学、合理的方法对员工进行培训，提高员工的服务能力。管理者在对员工进行正面教育的同时，还应加强企业核查的力度，从反面督促员工将服务标准落实到位，确保让顾客享受到高品质的服务。

此外，管理者还应设计出具有特色的服务项目，让顾客享受到超出想象的品牌服务，进一步增强顾客对企业品牌的忠诚度。

第三，扩大品牌宣传。宣传是品牌的第三载体，通过 VI（Visual Identity，通译为视觉识别系统）形象设计、广告媒体宣传产品，让客户直观地了解产品和性能。管理者应该创造性地运用各种传播手段，尽可能地扩大品牌的宣传面。如三星公司不断利用各种顶级赛事提升品牌的知名度和美誉度，从而巧妙地在消费者的心中树立起高端品牌的形象。

当然，对品牌进行大力宣传之前，管理者要对品牌进行准确的定位，即提炼出品牌的核心价值，可从产品的功效、情感关怀、个人品位等方面来定位，以期培育特定的消费群体。如海尔电器的品牌定位是"真诚到永远"；李宁体育用品的品牌定位是"一切皆有可能"。

第四，坚持技术创新。技术创新是企业提升品牌竞争力的关键性环节。综观全球经济发展的近几十年，从英特尔公司的小小芯片到微软公司的 Windows 操作系统等无不都在进行着创新，正是这些看似普通的技术创新，却使英特尔和微软公司从不起眼的企业成为全球最知名的企业，建立了同行难以媲美的强大品牌竞争力。

先进的技术是生产出优质产品的首要条件，所以管理者要不懈地坚持技术创新。

管理者应牢记：企业只有拥有强势的品牌，才能在市场竞争中立于不败之地！

管理艺术成就卓越

现代新管理理论及实务层出不穷，有人说管理是人、机、料、法、环、测；有人说管理是考察德、勤、绩、能；有人还说管理是关注行情、定价和成本……不论管什么都离不开对资源的优化组合，离不开观念、制度、政策的不断创新，离不开对人、财、物的综合平衡，离不开对市场体系的灵活操控。

管理是科学与艺术的统一，不仅要在表面层和制度层进行操作，更需要在文化层进行深入的探究与分析。

45. 为什么要"先画靶子，再打枪"？

金蓝盟观点

"为什么做"比"怎样做"重要得多，先画靶子再打枪，才能少做很多无用功。

世界一流的效率提升大师伯恩·崔西说："成功最重要的前提是知道自己究竟想要什么。成功的首要因素是制订一套明确、具体而且可以衡量的目标和计划。"

目标是行动的指南，没有目标的人就好像没有罗盘的船，不知道前进的方向，在茫茫大海中，终将飘飘摇摇，不能到达成功的港湾。

1952 年 7 月 4 日清晨，加利福尼亚海岸浓雾笼罩。在海岸以西 21 英里的卡塔林纳岛上，一位名叫费罗伦丝·查德威克的 34 岁妇女，下到太平洋中，并开始向加州海岸游去。

若这次她能成功穿越卡塔林纳海峡，她就是游过这个海峡的第一位女性。此前，她是第一位从英法两边海岸游过英吉利海峡的女性。

由于雾气很大，费罗伦丝·查德威克几乎连护送她的船都无法看到。时间慢慢过去了，冰冷的海水已经使她的身体发麻。此时，她又累又冷。

不知不觉，已经过去 15 个小时了。当她感觉自己已无法完成穿越时，示意叫人拉她上船。她的母亲和教练在另外一只船上鼓励她，海岸已经很近了，让她不要放弃，再坚持一会儿。但是当她朝加州海岸望去的时候，除了浓浓的雾气，她什么也没有看到。

在她出发了 15 个小时 55 分钟之后，人们把她拉上了船。慢慢地雾气散开了，此时，费罗伦丝·查德威克惊奇地发现，她当时如果再坚持半英里就可以胜利到达加州海岸。

在接受记者采访时，她不假思索地说："说实在的，我不是为自己找借口，如果当时我看见陆地，也许我能坚持下来。"原来，令费罗伦丝·查德威克放弃的不是身体上的疲劳也不是寒冷，而是因为看不到远处的目标，失去了前进的动力与成功的希望。

两个月之后，她成功地游过同一个海峡。她不但是第一位游过卡塔林纳海峡的女性，而且比男子的纪录还快了大约两个小时。

即使是查德威克这样的游泳好手，也需要看见目标，才能鼓足干劲完成她有能力完成的任务。同样，对于企业的成功，更需要管理者能够制定出合理的企业目标。

合理的目标，反映了一定时期内企业活动的期望成果，是企业使命在一定时期内的具体化体现，是衡量组织活动有效性的标准。反之，没有目标的企业，正如射击手在没有靶子的情况下射击，即使有再好的射击技巧也是徒劳。

对于企业而言，管理者制定合理的目标是十分重要的。制订合理的目标可以使企业的各项活动都有明确的目的性；有助于促进意见交流，改善人际关系；有助于改进组织结构和职责分工；能够激发员工的积极性，具有激励作用。

> 目标管理又叫成果管理，其目的在于结合员工个人目标和组织目标，改进绩效考核，形成有效的激励。

合理而正确的目标是激励员工斗志的驱动力。管理者若能制定适当的目标就可以启发员工的动机和行为，充分调动其工作积极性。

研究表明：企业通过目标管理机制来激励员工，不仅成本低、效果明显，而且更容易使员工产生方向感并鼓励其创造更大的发展空间，还利于企业集中资源。

然而，在金蓝盟给企业做管理咨询的时候，经常会听到管理者发出这样的感慨："我的企业制定了目标，可是为什么没有看到目标对于企业的作用？"

殊不知，并非管理者制定了目标就一定能够起到四两拨千斤的效果。很多管理者目标管理失败的原因一般为：

第一，目标不符合实际。很多管理者在制定目标时，并不考虑实际情况，进而使目标过高或者过低：目标高不可攀，空有华丽的外壳，而没有实现的可能；目标过低则不会激发员工的工作热情，也不会起到良好的效果。

可见，不符合实际的目标，只会造成人力、物力和财力的浪费，目标的实现也会化为泡影。

第二，在一定期限内，目标过多。

一头狮子正在森林中觅食，发现不远处有只兔子正在睡觉。狮子正准备饱餐一顿时，忽然看见一只野鹿在不远处行走。于是，狮子决定先去追赶野鹿，一会再回来捕捉兔子。

狮子悄悄移动着脚步，突然，迅速地向野鹿冲去。但是，野鹿快速狂奔，狮子最终没能得逞。

狮子没能追上野鹿，于是转头想去对付兔子，可是兔子也早在听到动静后逃跑了。最后，狮子落得"两手空空"。

目标过多，相当于没有目标。最后，只会像狮子一样，落得两手空空，什么也得不到。

所以，管理者在制定目标时，要分清主次，明确重点，千万不可只顾远方模糊的东西，而忽略了眼前切实的目标。

管理者如何有效地进行目标管理？

第一，要建立一套完整的目标体系。实行目标管理，首先要建立一套完整的目标体系，这是目标管理的起点。一般来说，目标体系的建立是由上而下地逐级确定。

第二，制定切实可行的目标。目标管理必须制定出切实可行的目标及执行方法。制定目标如其他工作计划一样，也需要事先拟定和宣传前提条件。制定目标时，应当采取协商的方式，鼓励下级人员参与目标的拟定，并拟定他们自己的工作目标，然后由管理者批准。

正如德鲁克所说："企业中的每一个成员都有不同的贡献，但所有的贡献都必须为一个共同的目标。他们的努力都必须朝着同一方向，他们的贡献必须相互衔接而成为一个整体。"

管理者在制定目标时，要符合"SMART"原则：特定的（S）、可衡量的（M）、双方同意的（A）、现实的（R）、有时间限制的（T）。

目标制定之后，管理者还要找出可能遇到的问题和障碍及相应的解决方法；列出实现目标所需技能和授权；列出为达到目标所需合作对象和外部资源；确定目标完成的日期；否则，目标管理就难以实现。

第三，组织实施。当目标订立下来之后，管理者就应放手把权力交给下级成员，让其去组织实施目标；管理者只需适时指导、协助。如果在明确了目标之后，管理者仍然事必躬亲，便违背了目标管理的主旨，不能获得最佳的管理效果。

第四，检查和评价。管理者要对各级目标的完成情况定期进行检查、评估，对于最终结果，应当根据目标进行验收，并根据评价结果进行奖罚。经过评价，使得目标管理进入下一轮循环过程。

这一环节是目标管理的关键环节。缺乏检查和评估，目标管理就缺乏反馈过程，实现目标的愿望就难以达到。

目标指明方向，方向决定成败。目标管理的重要意义在现在企业管理中的地位不言而喻，正如惠普公司创始人戴维·帕卡德在《惠普之道》（The HP Way）中说过："没有任何管理原则比'目标管理'（Management by Objective）原则对惠普的成功有如此大的贡献。"

46. 为什么管理的目的在于"落地"？

金蓝盟观点

　　管理的目的在于"落地"，就是能执行。盲目效仿一些知名企业的管理模式，就如同小学生谈恋爱，不是谈恋爱不对，而是还没有到谈恋爱的时候。

古希腊有这样一则寓言：

一头驴听说蝉唱歌好听，便头脑发热，要向蝉学习唱歌。于是蝉就对驴说："学唱歌可以，但你必须每天像我一样以露水充饥。"于是，驴听了蝉的话，每天以露水充饥，结果，几天后驴就饿死了。

凡是听过此故事的人，无不耻笑驴的愚蠢。可在现实生活中，甚至企业管理中，像驴这样盲目效仿的管理者也大有人在。

作为管理者，如果也凭着一时兴起、一时爱好去管理企业，那么结果又会比驴好到哪里去呢？

在管理学中，这些"跟从型"管理者的典型行为被称为"羊群效应"。

一个羊群往往是一个比较散乱的组织，所有的羊都会被头羊以及自己的伙伴所影响。假设头羊在偶然中发现了一大片肥沃鲜美的青草地，然后在那儿甜美地吃着新鲜的青草，那么其他的羊就会一哄而上，想着争抢那些青草。

即使不远处可能有狼潜伏，或者翻过一座小山坡还有更大更好的一片青草，它们也不会在意，只是迷恋着眼前大家争夺的草地。

在市场竞争日益激烈的今天，很容易产生"羊群效应"。很多管理者看到某知名企业采用某种管理模式取得了很好的效果，于是就盲目效仿。

有些管理者谈到品牌管理，便会一味地照抄照搬宝洁、可口可乐；学习质量管理，就盲目效仿通用电气；培养创新精神，非索尼、三星莫属。

这些优秀的企业是我们在管理书籍、MBA 案例、培训课程、媒体中耳熟能详的，但我们却很容易忽略这样一个事实：

这些企业绝不是一夜成名的！他们都是经过了几十年甚至百年以上的发展历史沉淀，才取得了今天令人瞩目的辉煌。而我们的企业呢？无论在规模、资金、管理体系等方面，与这些名企相比还是有相当大的差距。毫无理性的盲目效仿只会招致管理的失败，更不能带领团队走向辉煌。

毋庸置疑，对于企业的管理，既不能顺其自然，也不能盲目效仿，管理者应明确自己的位势。否则，任何"凭感觉"的盲目管理对企业来说都只是不负责任的游戏而已。

管理的目的在于"落地"，就是能执行。也就是说，管理者在管理企业的时候，要实事求是地从企业自身发展情况出发，进而制订出一系列适合企业自身发展的管理模式和方法。

企业规模实力、市场实力、人才实力和科研实力等，都限制企业的发展步伐。管理者还需清楚企业的生长期，是在起步阶段还是在发展阶段，是在成熟阶段还是在衰退阶段，不能盲目地好高骛远。

管理者在管理企业时，只有脚踏实地选择适合企业的管理方法，才能使企业长期拥有立足之地。

正如聪明人去买鞋，从不去挑价钱最贵的，也不会挑最流行的，而是买最合适自己脚，且穿着舒服的。若把穿鞋的道理移植到管理上，就生出一个颇为有效的管理原则，叫做"合适的才是最好的"。

> 管理没有"对"与"错"的区别，评价管理的好坏就是两点：一是适合不适合，二是好用不好用。

前几年，德国宝马曾经尝试走大众化的道路，并且雄心勃勃地收购了陆虎公司，期望同时兼得高档化和大众化的客户群，结果却以痛失 32 亿美元的悲剧结束。

广州本田汽车有限公司总经理门胁轰二在回答记者提问相比于德国大众、美国通用的投资规模，广本为什么采取了小投入、滚动式发展的做法时表示："就我了解的情况，德国大众、美国通用的做法跟广本的做法确实不一样。本田在世界排名第七或第八位，是中等规模企业，如果跟大企业做法一致，那么很难在这个行业里生存下去。我想我们的生存方式不是无限度的投资，而是最大限度地利用现有资源来满足客户的要求。就像量体裁衣，适合自己最重要，这也是我 40 多年在本田工作的方法。"

可见，评价一家企业的管理是好是差，是符合标准的还是不符合标准可以概括为四个字：合适、好用。但是，合适的才是好的，并不是说，凡事要被"合适"所束缚。企业谋求基业永续，就应该因时而变，与时俱进，既立足眼前，又放眼未来，不为眼前的"合适"而束缚手脚，停步不前。

管理者如何才能找到适合自己且好用的管理模式？

企业管理看似无边无际，其实还是有规律可循的。企业管理最大的规律就是：头大了，就戴顶大帽子；头小了，就戴顶小帽子。别乱戴帽子，因为一旦戴错帽子，就会给企业惹来无穷无尽的麻烦。

也就是说，企业管理者要根据市场和环境的变化，适时调整企业自身的人、财、物，不做内、外脱节的事。

所以，管理者需时刻谨记：适合企业的管理方法，才是最有效的方法。

第一，一切从实际出发。要想制定出适合企业的管理模式，管理者必须从实际出发，做到因地因时制宜、实事求是。

管理者首先需要有管理战略，然后根据市场、环境及内部条件制定一定时期的管理战术。企业的长远发展不仅需要管理者具有市场敏感度，还要具有审时度势，与时俱进的能力。

管理并非一个"死"的流程，它的所有行为方式取决于客户、来自于市场。管理者在制定管理方法时，应遵循"服务于市场、服务于客户"的原则。

此外，管理者还要注意企业品牌和文化的打造。打造适合企业的企业文化，以此加强团队的凝聚力和创造力。

所以，从实际出发是我们管理者成就卓越企业的必经之路。

第二，要有创新思维，敢于突破。创新，是一个企业的灵魂，是每一位优秀管理者必须认真面对的问题。创新的本质是一种创造性的破坏，是对旧的平衡的不断破坏。

如果一家企业停止了创新，短期来说，很可能是停滞不前；长期来看，企业则必然走向衰败及至灭亡。所以，管理者在管理中，必须具有创新思维，敢于突破，如果只是一味地墨守成规，那么企业也只能停步不前。

管理者要想找到适合企业的管理方法，就必须"量体裁衣"。我们应该相信：真正卓越的企业，绩效未必卓越。每个企业都有自己的管理强项，也都存在暂时的管理弱点，但只要适合企业当前的发展需要，那也是卓越的表现。

47. 为什么时间就是成本？

金蓝盟观点

从"时间就是金钱"可以推导出"时间就是成本"，因此，管理者应学会管理时间，学会控制时间成本。

一位农夫早上起来，对妻子说要去稻田里插秧了。可是当他走到稻田时，发现插秧机没油了，于是，农夫就准备去加油。

而一转身，他又想起家里的四五头牛早上还没喂。这插秧机没油，大不了就是不工作，这牛要是没食吃，可是要饿瘦的。

想到这里，农夫决定回家先喂牛。当他经过仓库的时候，农夫看到几个土豆，一下子想到自家种的土豆可能要发芽了，应该去看看。于是，农夫就朝土豆地走去。

半路经过了木柴堆，想起来妻子提醒了几次，家里的木柴要用完了，需要抱一些木柴回去。当他刚走近木柴堆，准备抱木柴时，发现有只鸭子躺在地下，他认出来这是自己家的鸭子，原来受伤了……

就这样，农夫虽然一大早就出门了，但是直到太阳落山才回来，忙了一天，晕头转向，结果呢？油也没加，牛也没喂，最重要的是，秧也没插。

一个人如果没有进行有效的时间管理，则会出现同样的状况。看似很忙碌，但是效率却很低。平时，我们经常会听到很多管理者抱怨，"最近很忙""我几乎没有时间用来娱乐、放松"等。

殊不知，并不是没有时间，而是有些管理者根本不懂得如何管理时间。有些人总是口口声声地说："等我有空的时候"，可结果怎样呢？他们可能一辈子也没有空闲的时间，可能一辈子都没有真正地享受到生命。

莎士比亚说："时间是无声的脚步，是不会因为我们有许多事情要处理而稍停片刻的。"其实，那些口里整天喊"忙"的管理者，只是跟在时间的屁股后面瞎跑，而不会做自己的主人。

小秦是某公司的主管，他正坐在办公桌前阅读着文件，此时，员工甲敲门进入。

"我已经把下个月的投标计划书准备好了，现在我们可以讨论一下吗？"员工甲说。

"好啊，我正准备找你呢。"小秦说道。

"您看，这是我们的投标书……"员工甲认真地讲解着。

此时，小秦的手机响了，于是他接起电话："喂，嗯，还有其他办法吗？好，你让客户等一下，我马上就来。（对员工甲）我们改天再谈吧。"

当小秦站起来刚要走时，桌上的电话铃又响了，他接起电话："开会？开什么会？（听了一会儿）哦，想起来了，我怎么把这事给忘了，我马上就到！（接着放下电话，准备去开会）"

小秦刚走出自己办公室时，员工乙走向前问道："您要出去吗？我们约好今天做绩效评估，您有时间吗？"

"明天吧。"匆忙地应答之后，小秦又慌忙地跑出去了。

这位管理者就跟那位农夫一样，显然没有合理安排自己的时间，所以导致工作安排得乱七八糟，没有重点，缺乏基本的时间管理技巧。

俗话说："一寸光阴一寸金，寸金难买寸光阴。"金钱的成本是有形的，时间的成本却是无形的。然而，很多企业的管理者从不计算他们的时间成本，反而错误地认为越忙越有成就感。

只要我们冷静地思考一下便会发现：别的成本还能够在以后收回来，可是时间却再也找回不来了！正如西方的管理大师彼得·德鲁克曾说过的："时间是最高贵而有限的资源。"

一个人事业成功与否，一个企业能否做大做强，时间管理的作用显得尤其重要。正如乌尔利·希席维特说："正如善于与人打交道一样，善于利用时间也是决定您个人人生成败的一个因素。"

管理者如何有效管理时间？

第一，要树立时间观念。时间运筹是知识爆炸时代对成功者的要求。在这种情况下，如果不想被时代抛弃，管理者就必须通过不断学习来提高自己。这就要求管理者必须能够合理利用时间。

此外，要避免拖拉和等待。管理者要将这些想法从脑中彻底清除：这件工作可以等一会儿或者等明天再做；这个会议可以推迟几天等。工作就这样一天天被拖延了，其后果可想而知，本该今天完成的工作却被无形延后了，企业效益更是每况愈下。

所以，管理者在很多时候，要学会控制自己，避免拖拉和等待，树立正确的时间观念。

第二，要学会放权，合理分配任务给下属。管理者要学会目标分解，然后放权让下属去做。管理者千万不能越俎代庖，而要充分调动下级员工的积极性，相信他们有能力替你分担压力。

第三，要制订工作计划，合理分配时间。大部分管理者没花足够的时间进行计划，他们通常都赶着"救火"，所以浪费了大量的时间。对此，管理者要善于对工作进行清晰的目标规划。也就是对时间进行列表规划，把今年所要做的每一件事情都列出来，然后将年度目标进行细化切割，直到月目标、周目标以及每天的目标。

第四，要学会利用零散时间。时间效率专家阿列斯伯雷说："一天的时间就像一个大旅行箱，只要知道装东西的方法，就可以装两倍的东西。开始不要把东西扔到箱子的正中间，而是不留缝隙地往四个角和箱子的边缘填充，最后再向旅行箱的中间填。如果毫不浪费地使用了四个犄角旮旯的时间，你就可以把一天的时间当作两天用了。"

我们每天都要花费大量时间等车、上下班、排队等。对于这些"边角料"的时间，管理者可以加以合理利用。例如，可以随身携带工作笔记，利用这段时间思考下一阶段的工作计划，或者查看一些报表资料等。

第五，要善于运用"20∶80"定律。管理者要想使自己从忙碌中解放出来，就必须使自己能够用 80% 的时间来做 20% 最重要的事情，在 20% 的时间里创造出 80% 的价值和成就。

一位大学教授，为了形象地说明时间管理的方法，他带了一袋沙子、一袋小鹅卵石、几块大石头和一个木桶到教室。之后，教授便问有没有同学能把这几种不同形状的东西都装进木桶。

一位男同学积极地走上讲台，他抓起沙子便往木桶里倒，之后，又放了几把小鹅卵石。但是到最后，这位同学才发现，剩下的大石头已经不能装进木桶了。

教授问道："你知道为什么，你没能把它们全都放进去吗？"

那位同学摇摇头。

教授解释说："因为你没有掌握处理事情的先后顺序，没有抓住事情的重点，没有利用最多的时间处理最关键的问题。如果你先放大石头，再倒小鹅卵石，最后装沙子，木桶就能容下它们了。"

时间管理也是同样的道理：管理者在处理事情时，要先执行重要的工作，这样就避免了在烦琐的事情上浪费大量的时间。相反，如果先处理无关紧要的事情，结果就会像那位男同学，因为在琐事上面花费太多时间而无法圆满地完成任务。

既然时间的流逝是不由人控制的，那么我们何不控制好自己，运用"20：80"定律，在有限的时间内处理最为重要的事情，以在最短的时间内获得最高的工作效率与质量？

第六，同一类的事情最好一次将其做完。这就要求管理者善于将事情归类处理。例如，你正在签署文件，最好将需要签署的文件都整理出来，用一段时间集中签署；如果你正在打电话，最好把电话累积到某一时间一次把它打完。这样不仅可以使工作条理清晰，而且还可以提高工作效率。因为当你重复做一件事情时，你会熟能生巧，效率会大大提高，自然就会节省很多时间。

工作是无限的，时间却是有限的，时间是最宝贵的财富。作为管理者，应该充分合理地利用每个可利用的时间，使时间价值最大化。正如达尔文的捍卫者，英国博物学家赫胥黎所说："时间是最不偏私的，给任何人都是 24 小时；同时时间是最偏私的，给任何人都不是 24 小时。"

48. 为什么一个企业的治理是人治、法治和文治的结合？

金蓝盟观点

一个企业的治理是人治、法治和文治的结合。人治就是使用强人治理，人管人；法治就是执行制度，而不是制作制度；文治就是"无为而治"。

在企业管理中，很多管理者往往都在抱怨管理难，很难界定企业到底处于什么阶段，应该采用什么管理方式。由于管理者的错误认识，往往会造成管理的失利。

清华大学张德教授把企业管理分为三个阶段：第一阶段是经验管理阶

段，最大的特点是人治，主要依靠管理者来管理企业；第二阶段是科学管理阶段，最大的特点是法治，靠制度来管理企业；第三阶段是文化管理阶段，最大的特点就是文治，将文化作为企业管理的最重要的方面。

其实，企业管理并没有固定的模式可以放之四海而皆准。管理的基本原理和原则是相同的，但不同国家、不同文化背景、不同行业、不同发展阶段，管理模式又是不相同的。

对于企业管理来说，管理模式没有最好的，只有最合适的。

根据企业的不同发展阶段，我们可以将其分为人治、法治、文治。无论是人治、法治，还是文治，都有优点和不足。选用何种管理模式，完全取决于企业发展的阶段。

从人治到法治，再从法治到文治，是一个企业发展的必然趋势，也是一个企业从诞生、成长到成熟所经历的三种管理模式。

第一阶段：人治

人治的管理模式强调使用强人治理，看重的是企业管理者的个人管理能力，多具有英雄主义色彩。管理者在整个管理中处于核心地位，其威力一定程度上犹如古言所描述的："君要臣死，臣不得不死；父要子亡，子不得不亡。"

人治管理模式一般是在企业的初期阶段实行的。此时的企业员工少，部门少，没有健全的制度与流程，执行主要依靠管理者的推动。

在人治模式下，维持企业运转的是人缘、情面，管理凭经验、人际关系和威信，控制靠随机和自觉等。

人治管理看似灵活，但是也有一些弊端：因为没有统一的流程，没有规范化的管理，很容易造成前后标准不一致，执行者没有规章可循，形成管理者一人说了算的"一言堂"现象。

在人治环境中，三鹿从 1956 年只有 32 头奶牛和 170 只奶羊的合作社，发展到品牌价值曾达 150 亿元的大型企业集团，先后用了半个世纪。然而，三鹿迅速走向破产，却只用了短短几个月，这就是人治的

"负力量"。

在人治模式下，一个企业的成功，主要靠管理者的个人的魅力、能力；但是，如果管理者稍有不慎，企业便会迅速走向崩溃。

第二阶段：法治

随着企业规模的不断壮大，部门和员工的不断增多，管理层级也在不断增多，企业进入了快速发展的阶段。此时，管理者即使有三头六臂，管理起来也会觉得吃力了，这样就必须靠制度来约束员工，这就是法治。

在人治不起作用的时候，就要求法治。法治的关键不是做制度，而是要执行制度。企业制度被制订出来之后，如果没有落实，那也只是一纸空文，毫无威力可言。

法治不同于人治那样有很大弹性。因为法律、制度具有刚性、公平性、公开性、稳定性，法律弹性很小，任何人都必须遵守，包括制订者和执行者本身，这也是法治的一大特点。

虽然法律、制度多如牛毛，但是总有其管不着的地方，在这种情况下，非常容易出现执法缺位。此时就需要有一种意识、思维来引导我们的行为，这就是文治。

第三阶段：文治

当企业的规模进一步扩大，员工人数逐渐增多，销售额稳定增长时，企业进入了繁荣阶段。此时，制度的约束已经使很多工作形成了流程化操作，企业文化变得越来越重要了。员工的文化认可和理解是企业能否继续繁荣下去的重要保证。

对于企业来说，文治强调"无为而治"。它是在法治模式基础上的升华，是以人为核心，以文化为导向，以制度为基础，以战略为重点的管理模式。

管理者通过管理员工的"观念"、"思想"来引导员工，进而使其实行自我控制、自我管理，管理者才能真正做到"无为而治"。

被喻为"经营之神"的松下幸之助谈到自己对企业的管理时，曾有过这样一段话："当公司有 100 名员工时，我必须站在员工前面以身作则，发号施令；当公司有 1000 名员工时，我必须站在员工中间，协调各方，相互配合，努力工作；当公司有 10000 名员工时，我必须站在员工后面，以虔诚之心祈祷他们万众一心，众志成城。"

松下幸之助的这番话恰恰道出了企业文化的力量。当企业规模较小时，管理者往往会亲力亲为；到发展阶段时，就会用严格的制度来保证企业的正常运行；当企业达到一定规模时，就要祈求员工万众一心。这种"无为而治"的力量来自于一种思想影响力。而这种强大的精神力量，就是优秀的企业文化。

值得注意的是：人治、法治、文治并非绝对，而是相对来说的，其发展过程也并不是单独毫无交叉的，而是有可能某一时期三种管理模式同时存在的。

作为管理者，应该顺应时代发展的潮流，做到适时推动，以提高管理效率，降低管理成本，带领企业走向成功。

管理者如何做到人治、法治、文治的有机管理？

过去我们认为，"小型企业靠人治，中型企业靠法治，大型企业靠文治"，其实是片面的认识，无论企业发展到哪个阶段，"三治"均不可偏颇，否则将会严重制约企业的发展。

管理者在管理中应该注意以下四方面：

第一，正确发挥人治的作用，杜绝"一言堂"和粗暴作风。在企业管理实践中，很多管理者常常会遇到这样的情况：不管你采取什么样的管理方法，都不可能让所有的员工感到满意。一项制度即使再完美，也会有人提出反对意见或者不能完全执行。

在这种情况下，"人治"的作用就越发显得重要了。既然制度是由人制订的，也需要人执行，那么就离不开"人治"。因为制度是死的，它需要有人对其进行认知、解释，以便更好地激发员工的工作热情，这就是企业管理中"人治"的作用。

但是，人治并不等于无视制度的存在，"人治"不应凌驾于制度之上，更不应左右企业的管理制度，而是要在制度的层面上注入人性的因素，以弥补制度的不足之处，使之趋于完美。

第二，管理不等于制度，制度的最终目的也不是惩罚员工。现在很多企业都在搞绩效管理，很多管理者也认为管理等于制度，有了制度，就有了管理，这是一个误区。制度并不是管理的全部，制度可以保障管理的顺利进行。

也有一位管理者曾很困惑地问我："我们公司制定了很多管理制度，也聘请了在正规企业管理过的人来做管理。但企业还是很乱，文件制度一大堆，管理成本上升，但效益反而下降，这究竟是为什么？我们该怎么办？"

其实，虽然有制度，但绝大多数管理者只是在走形式而已，制度制定出来只是为了让员工背负责任，拿规章测量行动。

在这种状态下，管理者很难让员工把自己的智慧全部贡献出来。所以，在制定制度时，管理者需要明白制度的最终目的不是惩罚员工的错误，而是让员工更好地发挥才能。

正如新经济史学先驱、诺贝尔奖获得者诺思所说："制度就是一种激励结构，一种激励制度。好的制度应该可以激励人们发挥他们的创造力，提高生产效率，有效地运用高技术。"

第三，制度要与时俱进。在去企业进行咨询管理指导时，咨询专家发现很多企业的制度手册都已泛黄，还有很多漆在墙上的制度，漆色已变，可见制度的陈旧程度。当专家问道，这是什么时候制定的制度时，管理者竟回答是几年前的了。

时代在变，市场在变，企业每天也都发生着很大变化。如果一切都在变，但是我们的制度却"模样依旧"，又怎么能适应快速发展的时代环境？就像海尔公司 1984 年的制度"十三条"中，有一条赫然写着"不许在车间大小便"，这能保留到现在吗？显然不可能，如果还写着这么一条，要么说明海尔员工的素质就在这个水平没有提升，要么说明这个制度早就是摆设了。

所以，一套好的制度应该是与时俱进的，应随着企业的发展而不断被修订、被改进。

第四，文治的重心是人，重点是"价值观"。文治就是运用企业的文化进行管理。普通的企业有平凡的文化，优秀的企业有卓越的文化。企业文化是企业发展的 DNA。

管理者要实施文治，就必须建立相应的企业文化。文治的重心是人，也就是说，管理者要注意提高员工的思想觉悟、道德素质，并使之形成一致的价值观。

在我国，节假日过后，我们经常会看到由于游客乱扔垃圾，而使某些旅游景点的环境遭到严重破坏的报道。

倘若在瑞士或芬兰，则很少看到这样的报道。因为如果你在公园或者其他公共场所随地乱扔垃圾，常常会有人走过来提醒你将垃圾捡起来；如果你拒绝，就会过来更多的人警告你，甚至还会有人喊来该场所的管理人员。

这就是文治的力量，在大家心中已经形成了"乱扔垃圾是不对的"的价值观，所以，即使没有制度的约束，这种文化也会影响人们自觉遵守。

企业管理同样如此，企业制度当中没有规定的，可以用企业文化去管理。值得注意的是，企业文化不是"写在纸上、喊在嘴上、挂在墙上，风一吹掉在地上"，而要"生根"于员工心中，使员工趋向于自我管理。所以说，企业文化是检验员工是否真正属于"企业人"的最高标准。

管理者在进行人治时，要紧密结合本企业的特点，认真挖掘与总结本企业发展形成的文化积淀，以建设具有自己鲜明特色的企业文化。

总之，人治、法治、文治是管理者管理企业不可缺失的三大利器。管理者要根据企业的发展情况，适时运用"三治"管理企业，通过三者的最佳组合而使企业最终走向卓越。

附录：金蓝盟成功诊断案例

如何做好企业管理咨询的持续改进

——某机械制造公司项目咨询案例

一、企业咨询背景

在金蓝盟的咨询项目中，"某机械制造公司"曾经在几年的经营打拼中，赢得了一片名优市场。经过一轮咨询后有了一定的提升和收获，月产量一跃突破了历史不曾敢想的高度——"跳过一次鳄鱼池"（企业人曾经的自我评价）。

然而，由于种种原因，在接下来的一段时间里，企业在生产管理方面不但没有保持住已有的生产纪录和势头，反而一度下滑了60%。

为此，企业也曾投入大量的精力、人力和物力。在上一年的基础上，一方面加强管理；另一方面组织突击，却总难见效。这样，"某机械制造公司"无奈之际决定进行二次生产管理的专项咨询。

新的咨询产生后，金蓝盟咨询公司受"某机械制造公司"的委托，专家组再一次入驻企业，开展了第二轮为期半年的针对"某机械制造公司"企业生产管理方面的咨询工作。

此次项目时间是：2007年6~11月。在再一次的咨询工作中，专家组恪守严谨、科学、细致的工作作风，着重对该企业上半年的工作进行了重新审核分析。专家组结合企业的实际状况，通过充分调研论证后，再一次投入到新的咨询工作中。

经过专家组半年的工作指导，新的实施方案得到了"某机械制造公司"相关人员的高度认可和有效执行，为企业生产再一次吹起了生产效率的号角！

二、企业的基本情况

1. 企业上一年度的基本情况（第一次咨询阶段）

2006 年经过一段时间的咨询辅导，"某机械制造公司"的生产从年初的几百台，到 12 月份生产配套走刀箱一举创造了历史新高 1800 台的纪录。

但到了 2007 年上半年，企业刚刚具备的一定生产优势，却没有稳住基盘。月产量一度又滑落到几百台的水平上，最低月份不足 700 台。但是，生产趋势仍然没有止跌企稳的迹象，企业上下焦急万分。

由此看出，企业经营基础的根基和管理的基本功并非一日之功，不下一番苦功是难以保持住的。

2. 企业目前的基本情况（第二次咨询阶段）

"某机械制造公司"年初制定年产值 7500 万元的经营目标，截至 7 月末仅实现产值 2250 万元，实际仅仅完成目标的 30%，差距巨大，几乎失去了实现的可能性。

 企业表面问题汇总如附表 1：

附表 1　企业表面问题汇总

范围	问题	表现
车间 1 铸件	缺乏标准	刷漆工序没有形成程序，仅凭经验：所有非加工面刷两遍。
车间 2 轴齿	缺乏标准	表面处理过的零件（电镀）在装配前保管可能会碰伤表面，返工或报废。

范围	问题	表现
车间3装配	缺乏标准	有1单云机×××40新品，部件定位销开孔尺寸误差导致无法装配而报废，已经搁置3~4天。
车间1铸件	物流管理缺乏标准	没有离地，部件表面较脏。
车间1铸件	箱体管理缺乏标准	现场检验有塞规/尺，但发现验收同时穿插镗孔边缘挫平。
工厂总体	车间管理不善	生产计划执行过程中发现缺件现象。
车间3装配	工作时间，忽视人本	双班作业延时过长，身体素质下降导致效率低下，影响技能提升。
工厂总体	管理不到位	去年项目进展收效很好，有提高，但是还有很大差距，没有沉淀。
工厂总体	库房管理制度不完善	库房管理凭经验。
车间1铸件	规划设计不合理	场地有限，设备布局紧凑，在制品码放拥挤。
车间3装配	规划设计不合理	没有专门的成品库，占用了车间资源，造成很大的浪费。
车间3装配	规划设计不合理	装配执行中，由于插单等计划临时变更，造成时间和空间的浪费。
工厂总体	缺乏技能培训	员工技能水平还需继续提高，目前仍是师傅带徒弟。
车间3装配	考核与激励制度不完善	车间罚过于奖，处罚的时间界限不合理，挫伤员工积极性。
工厂总体	考核与激励制度不完善	负激励制度，罚款50~150元没有任何作用。
工厂总体	考核与激励制度不完善	加工计件，与产值挂钩，但对加工难度大的没有积极性。
车间1铸件	流程接口管理不完善	半成品入库或转入下道工序前，表面卫生应改善，减少总装处理时间。
工厂总体	流程设计不合理	整体物流管理水平落后，严重影响效率，没有引起重视。
车间3装配	品质控制不完善	总装不成后返工拆卸（没有激励），造成资源浪费。
车间3装配	品质控制不完善	箱体铸造砂眼，在1车间漏检，凹陷没有抹平打磨。
车间3装配	设备养护不善	摇臂钻管理不善，没有专人养护。
车间3装配	现场管理不完善	倒班时有装配未完现象，搁置一旁等下一班再继续，占用资源。
车间3装配	现场管理不完善	车间部件、成品、在制品摆放无序，影响效率和产能。
工厂总体	薪酬制度不合理	一线员工流失率较高，影响队伍的稳定性。
工厂总体	执行力度不够	跟去年同期相比，产能有进步，但是与今年每月目标比差距大，都没有完成。
车间总体	生产统计制度不完善	生产统计制度急需完善和提高。
车间1铸件	作业设计	天车利用率高，每天等待时间累计较多。

分析出现问题的主要影响因素，如附表 2 所示：

附表 2　影响因素分析表

影响交期的因素	对照职能方面	对照表现方面
紧急订单多	物料需求计划	总装产品线转换频繁
物料计划不好	物料需求计划	领料手续烦琐、费时
过程品质控制不佳	过程控制	上游合格，装配公差造成难度
设计，工艺变更	技术设备	设备布局不合理
生产排程不好	生产计划	在月计划内调整总装计划
产能不配套	技能提升，设备改进	延时工作，效率低
设备养护问题	设备维修，技能	一职多能，兼顾困难
生产统计不全面	生产计划	计划总是完不成

 具体问题的解决措施，如附表 3 所示：

附表 3　影响因素分析表

部门/范围	问　题	综合表现	对　策
采购—外协	缺乏标准，只管到货，不管质量。	原辅材料（毛坯、钢坯、刀具、检具）到货不及时，到货（毛坯、钢坯、刀具、检具、设备和零配件、油品等）质量不合格；新品开发准备不足。	完善标准和流程，实行业务考核制度。
车间 1 铸件	供给不利，缺乏有效统计和数字。	车间硬件条件差，供应品质不佳，砂眼、气孔等质量事故频发，造成无效加工和损失，箱体砂眼有漏检现象。	完善供应商管理和评审制度，完善报表统计工作。
车间 2 机加工	供给不利，缺乏有效统计和数字；管理须再细化。	机加工设备的配件、刀具和润滑油等出现质量问题，增加停机时间，影响产能；成品入库缺乏管理，工艺执行（上油）不严格。	合理配备维修力量，完善报表统计工作。
车间 3 装配	现场管理不力，工序、流程管理不规范，存在重复劳动现象。	领料、分料环节存在重复劳动，生产组织欠佳，装配效率低；车间在制品多，完全没有充分利用装配工时；员工技能提升慢。	优化流程，明晰工序和责任分工，有效利用装配工时，建立培训体系和制度。

续表

部门/范围	问 题	综合表现	对 策
企管科	各部门协作效率低，制度多、执行少、罚款多、收效低。	异常问题反馈处理的处理传递单和内部信息反馈处理单管理混乱，职能部门接口不流畅。	激励和绩效考核管理制度。
计划调度	各部门协调、沟通不力，会议效率低，缺乏针对性。	计划变化快：在制品、半成品积压多，特别体现在库房和装配车间；会议效率低，统计报表浮于表面。	计划评审会模式化，提高沟通效果；加强报表管理体系。
仓库	存货管理缺乏方法和手段，影响生产，缺乏上下游协作。	盘点误差大，存在物账不相符现象；积压物资严重影响场地和效率；搬运多为人工操作；技能急需提高，先入先出原则难以保证。	物资管理制度，物料管理；提高物流效率（盘点和搬运）。
质量	现场品控缺乏深度分析，纠偏措施不彻底。	品控力量薄弱，忙于现场控制，检测手段不完善，数据缺乏深度分析，预防措施执行不力，重复发生多。	建立以车间统计数据为基础的质量数据分析，加强质量评审会的作用。

 归纳总结后存在的问题如下：

（1）原材料供应不足。

（2）外协部件不能及时供应。

（3）工人疲劳工作（不休班）导致工作效率低。

（4）部分生产设备性能没有达到设计要求。

（5）生产和计划脱节。

经过专家组的引导和启发，与企业共同分析，并拟定了改进措施：

（1）对原材料（外协和供应）不足影响生产的情况必须加强领导，确定一名副经理抓好落实。

（2）企业生产任务饱满，安排关键工序（车间）：一是从时间上提高产量，实行三班倒；二是彻底改变现有的分装作业方式，从根本上解决生产效率。

（3）搞好生产计划平衡。车间的生产计划要以装配车间的生产能力作为平衡的依据，并通过平衡来提高总体产能。

（4）减少设备的停工时间，提高单位时间产量。采用先进的加工工艺和操作方法，提高产品的三化（系列化、通用化、标准化）。

（5）企业物流采用科学的储备定额机制，为满负荷生产创造条件。

（6）控制车间的无效劳动时间。

无效劳动时间统计方法：

①各类油品领料（兼职人员）时间每月需 19.8 小时。

即（每月 90~100 次）平均每天 95 次 × 12.5 分钟/每次 = 1187.5 分钟= 19.8 小时。

②车间内各工序需求部件移动工（兼职）工时每月为 540 小时。

即累计每天 18 小时 × 30 天 = 540 小时。

③设备操作者自己领用维修部件，每月领用时间累计为 125 小时。

即（每天 20~30 次）平均每天 25 次 × 10 分钟/每次 = 250 × 30 天=125 小时。

④操作者自己领用刀头（以旧换新），每月更换时间累计为 14.58 小时。

即（每次 10~15 分钟）平均 12.5 分钟 × 70 次/月 = 875 分钟 = 14.58 小时。

综上所述，每月累计领料时间为 699.38 小时（即 19.8+540+125+14.58=699.38 小时）。

三、金蓝盟的诊断成果

由于坚持了"专家出方案、企业重执行"的方针，新的执行力环境很快形成，同时也又一次见证了方案在有效实施后的效果。生产的被动局面很快得到遏制，员工的生产士气再一次迅速地被激发，新一轮的生产效率提升工作被全面铺开，各种生产资源都能有效地围绕着计划体系实施，产量开始节节回升。

短短几个月的运行，企业很快步入了一个新的良性循环的发展阶段。生产效率迅速得以提升，其自身所蕴涵的生产潜能远远超出了企业人员自己的想象，完全跳出了原有的框框束缚，生产力得到了充分释放。如附表 4 所示：

附表 4　全年各月份产量情况（台）

一月	二月	三月	四月	五月	六月
825	668	889	897	931	1212
七月	八月	九月	十月	十一月	十二月
938	1487	1533	2217	2406	2600

由附表 4 可以看出，经过金蓝盟专家组的专业咨询诊断，该企业的月生产产量呈逐月上升的趋势。不仅很快走出了年初只有几百台的低迷状态，很快突破了企业当年 1800 台的生产最高纪录，而且一举实现了月产 2600 台的新的生产纪录。

附表 5　企业上半年产量与四季度产量对比

企业上半年产量	5422 台
企业四季度产量	7223 台
四季度超上半年产量之和	1801 台

从附表 5 可以看出，企业年底的后三个月产量远远超过了整个上半年的产量之和。事实证明，二次咨询和提升的效益与意义远大于固守于自我消化的方式。

 案例小结

1. 管理模式的建立不是简单的模仿

通过一个阶段的改善，企业已经具备了一定管理模式的发展能力。但是并不一定能完全被企业消化吸收，所以管理者需要根据具体情况，进一步从整体上加以巩固。通过巩固解决机制上的真正问题，从形式到内容上发生根本变化，进而克服初期那种简单模仿的操作，使其转化为真正有效的生产力。

2. 建设高效运行的管理模式需要严谨的工作作风

企业原有的相对简单粗放的管理方法，不会因为管理升级而得到彻底解决。无论是思想上的、观念上的还是习惯做法上的问题，都可能会出现强力的反弹。这些顽固问题只有在更深层次的管理升级中才能逐步得到解决，所以需要管理者时刻保持严谨的工作作风。

3. 管理是一门科学，管理升级更需要精深的专业技能

管理是对企业在宏观和系统上组合优化全部资源而进行的一种全面的调节和控制，涉及管理学的全部学科和知识。在管理升级过程中，更需要精深的专业技能来支持，自我消化有时会有很大的局限性。

整体升级　排忧解患

——山东 W 化工公司管理整体升级案例剖析

一、企业咨询背景

山东 W 化工有限公司（以下简称 W 公司）在其生产产品的领域内，是国内一家最早的专业化生产厂家。从 20 世纪 80 年代中期就投资建厂，到 1998 年成功改制为民营企业，一直处于高速发展的进程中。但是，自 2000 年以后，企业遇到了令人担心的内忧外患。

从企业内部看，员工看似忠诚度挺高，实际上是对公司的依赖度很高，多年处于停滞状态，没有合理流动，造成公司"呆人"较多。他们虽有一定的工作经验，但是工作积极性很低，工作全靠惯性推动，大家已经养成了一种"观望着看、推动着干"的工作习惯，业绩提升明显趋缓。

从企业外部看，由于行业内一批后起之秀奋起直追，已经对 W 公司形成了"大兵压境"之势。虽然 W 公司随着行业市场的上升也呈现出一定的增长趋势，然而与行业内的优秀企业相比，已被远远地抛在了后面。

W 公司虽然在规模上尚处于国内同行第四的位置，但是不论从新产品的研发速度和市场开发，还是在生产管理和销售管理上都存在着严重的问题。而这一切的根源点首先就在于它没有适合于自己进一步快速发展的组织保障和整体性的人力资源管理体系。所以，该公司高层痛定思痛，最终决定引进北京金蓝盟企业管理顾问集团合作，对公司实施全面改善和整体升级的系统工程。

二、企业核心问题解析

经过金蓝盟专家组的深度调研和全面理解该企业特点和现状，认为 W 公司的问题从根本上是说一个系统的问题，具体表现在生产、营销、人力资源、技术研发、财务、信息化六大系统方面都不同程度地存在问题，直接影响了 W 公司快速、稳健、可持续的发展。

通过系统分析，我们看到企业问题产生的两大因素就是：观念过于守旧和模式过于老化，从而为 W 公司的发展带来了捉襟见肘的四大瓶颈（见附图 2-1）：

（1）执行力低下。

（2）经营思路模糊。

（3）欠缺模式支撑。

（4）梯队型人才建设存在空当。

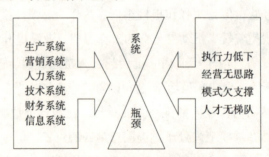

附图 2-1　企业的系统问题及原因

三、金蓝盟的整体解决思路

针对问题根源剖析，W 公司必须进行全面改善，才能彻底解决企业的生存和发展问题。所以金蓝盟专家组进行了"3—3—4—2"的项目整体规划，将整个项目划分为四个阶段：用 3 个月的时间进行组织改善和人力资源管理体系建设；用 3 个月的时间进行两大管理模式的建设（生产、营销）并推动深化运行；用 4 个月的时间深度辅导企业经营，进行产品、市场、客户三大结构的深层次分析，明确公司的整体发展战略，配套市场的开发模式、维护模式和上量模式，推动企业实现一个大的跨越；用2个月的时间进行深化完善和精细化调整，形成W公司自身特色的经营管理模式，全面打造企业的核心竞争能力。

下面，我们将按照这四大阶段逐一展开，希望能带您走进一个集体改制的中型企业的整体提升之路。也希望通过它，能够给正在致力于成长的企业，已经获得初步成功并希望再上台阶的企业提供启迪与帮助。

 第一阶段：组织改善和人力资源管理体系建设

第一阶段的主要工作：

（1）聚焦分析W公司业务模块，推导出经营管理的核心。

（2）根据核心工作梳理公司的核心工作流程。

（3）根据核心工作流程设计新的流程化组织架构。

（4）根据流程化组织，进行工作分析，推导部门设置。

（5）对于企业的中高级管理干部进行能力素质模型的人才测评。

（6）通过竞聘上岗，让适合的人去适合的岗位，善尽人力资源。

（7）建立部门管理规范和岗位管理规范，辅导各级干部上岗。

（8）结合行业薪酬、当地企业薪酬及企业历史现状，进行科学的合理的薪酬体系设计。

（9）全面梳理企业工作流程和关键控制点，出台《企业流程手册》。

（10）通过对于各岗位的关键任务和关键指标的动态分析，以关键业绩指标（KPI）为核心建立W公司的绩效考核体系。

从而通过"组织改善、两个规范、薪酬设计、梳理流程、建立考核"，全面完成组织和人力资源管理体系的建设。

第一阶段的主要成效：

（1）组织明确了，工作清晰了，通过3个月的推动运行，困扰W公司已久的人浮于事的情况基本上不存在了。

（2）人员测评、竞聘上岗，不但做到了适人适岗，而且初步体现了能者上、平者让、庸者下的用人目标，在企业为人才而发愁时，做到了内部选拔人才的科学性、合理性。

（3）流程理顺了，关键控制点明晰了，并经过 3 个月的推动运行，困扰已久的推诿、扯皮的现象杜绝了。

（4）薪酬合理了，考核体系建立了，明确了企业内部的分配机制、激励机制，最大限度地调动了员工的工作积极性；在尚未深度辅导企业经营的情况下，连续保持了每月销量、回款、利润增长的历史最高水平。

（5）人力资源管理体系的建立并高效运行，为该企业的全面改善上台阶、为接下来的两大管理模式的建立和推行奠定了扎实基础，是企业全面改善成功的基石。

第二阶段：生产、营销管理模式建设及深化运行

在进行完成 W 公司的组织改善和人力资源管理体系建设之后，按照对于企业的整体提升规划，金蓝盟专家组又马不停蹄地开始了第二个阶段的具体工作，即着手建立企业的生产、营销两大管理模式。

第一步　寻找核心问题

1. W 公司在生产系统存在的核心问题

（1）交期难以保障，核心原因有三点：

生产计划形成前的销售预测极不准确；

生产过程中的关键要素控制不利，要么因为工艺原因产品不合格，要么因为生产过程中的实际操作不符合标准，进而导致成品质量不达标；

生产过程中的各具体生产部门不严格执行计划，私自安排生产，严重影响交期。

（2）成本居高不下，具体表现为很多产品，导致 W 公司如果按照市场主要竞争对手的价格定价，会处在微利或无利的边缘。

（3）品质管理只重结果，忽视过程，导致很多产成品由于质量不符合客户要求而拒绝被接收或退货。这不仅使企业的市场形象下降；而且增加了大量的不良成品库存，加大了公司的流动资金风险。

（4）物流管理欠缺科学性、合理性。在采购管理方面、发货运输管理方面、内部物流管理方面、库存控制和压缩方面都存在一系列亟待解决的问题。

2. W公司在营销系统的核心问题

（1）业务员多为单兵作战，公司的组织合力少，无法形成公司对于销售工作的统一指挥和调配。

（2）现在执行的营销近似于承包，而且制订的营销管理体系看似无懈可击，但实际上，既不利于公司的整体发展又不利于团队的成长。

综上所述，企业必须围绕自身在生产和营销上的核心问题建立两大管理模式，不仅可以立即解决当前问题；而且能为企业的整个管理升级奠定扎实基础，让企业在管理模式的指导下不断提升管理水准。

第二步　配套核心操作

1. W公司的《生产管理模式》

《生产管理模式》包括四大管理体系，分别是（见附图2-2）。

（1）交期管理体系；

（2）成本管理体系；

（3）品质管理体系；

（4）物流管理体系。

建立《生产管理模式》四大管理体系的核心操作的五步走为：

（1）确定责任部门；

（2）拿出判异手段；

（3）梳理信息流向；

（4）明晰考核方法；

（5）不断改善提升。

2. W公司的《营销管理模式》建设在充分尊重企业的历史和现状的前提下，采取了"一企两制"的解决套路

（1）按照现代企业的营销操作游戏规则成立一个全新的销售二部，在

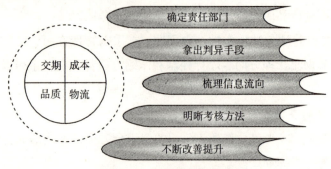

附图 2-2　配套核心操作图

公司的统一指挥和调配下开展市场营销工作。

（2）原有的销售团队，采取自愿原则。由不愿去销售二部的业务员自动组成销售一部，针对于销售一部的管理，原有的销售政策均不变。

（3）经过这样一个自然的过渡，不仅给企业导入了现代企业的营销管理模式，保证了企业更好地发展；而且尊重了企业的实际，使企业平稳地完成了营销管理模式的建设。

第三步　模式运行及效果评估

1. W 公司两大管理模式运行四步走：知—解—行—证

知：通过不断学习，让全员知道《营销管理模式》的具体内容。

解：深入加强理解，让全员懂得如何实施《营销管理模式》。

行：必须行动起来，在实际的操作中不断完善《营销管理模式》。

证：做好持续改进，让《营销管理模式》真正全面提升企业的管理水准。

2. 效果评估

两大方案通过 3 个月的试运行，并经过修订后的 1 个月的完全运行，可直接测量的效果如下：

（1）交期保证率从 4 个月前的不到 50% 提高到了 95%；

（2）主要的几个品种的成本基本上做到了可以和一流厂家产品一争高下，从根本上提升了产品在市场的全面竞争力；

（3）强化了品质工作的中控检验，使品质问题降低了 70%；

（4）使采购成本降低了30%，运输成本降低了20%；

（5）库存整体降低了40%，为企业节约了大量的流动资金；

（6）由于销售二部的销售工作操作更加能够调动业务员的工作积极性，所以销售一部的大部分业务员都接受了新的营销管理模式，并且按照新的游戏规则，在公司的统一指挥和部署之下开展销售工作；最明显的就是：在这种体制下，公司的业务员都愿意主动走出去开发新客户，所以企业这几个月的销售增长虽没有出现"爆炸式"增长（与所处行业当时的平稳有一定关系），但是已经连续达到了历史的最高水平。

第三阶段：经营的深入辅导和全面提升

在建设完成 W 公司的生产、营销两大管理模式并在深化推动运行的基础之上，按照对于企业的整体再造规划，金蓝盟专家组又立即着手开始了第三个阶段的具体工作：在经营方面，进行了 4 个月的深入辅导，从而使企业在管理和经营两大方面得到全面的提升。

第三阶段的工作总体说明

1. 经营与管理是互为依赖的关系

（1）百姓说道："经营是钱耙子，管理是钱匣子；不怕耙子没有齿，就怕匣子没有底。"而对于进行全面改善的企业就必须先从管理入手，就是要先做好匣底，在此基础上当然还要磨好耙子齿，因为最好的管理就是对于经营的管理，经营是为了发展，管理是为了更好地保障经营成果。

（2）对于 W 公司的提升，我们是起步于现代管理体系的建立，但最终必然落脚于经营的全面提升，因为获得利润、谋求发展才是企业存在的必然。

2. 公司的市场属于标准的行业型市场，在经营方面存在以下三大核心问题

（1）缺乏清晰的经营战略目标，没有将企业当作企业来做，而像是在做大生意。

（2）三大结构缺乏合理性。

①创新无大小，无先后，改掉工作中、生活中一些毫不起眼而固成惯性的小毛病等，企业是可以做到的，其实改变本身就是创新。产品线太长，没有明确的结构性分工，即哪些产品是提供现金流的、哪些产品是必须重点推广的、哪些产品是要考虑做还是不做的、哪些产品是必须要淘汰的。

②市场结构缺乏合理性，没有清晰地确定三级市场结构：核心市场、重点市场和培育市场；也就是在做市场时，没有明确的主攻方向，而是眉毛、胡子一把抓，不能够抓大放小。

③客户结构缺乏赢利性，在将近 800 家客户中，有 70% 的销量集中在前 40 位客户手中，而对于另外 700 多家客户中的一部分客户经过测算肯定是亏损的。从而进一步证明了金蓝盟创新性提出的"80/20/30"法则：即 20% 的客户给企业带来了 80% 的利润，但又有 30% 的客户吃掉了这其中 50% 的利润。

营销团队在客户开发、客户维护和客户推动提升销量的过程中欠缺规范性操作，不能在市场上树立良好的企业品牌形象，从而未能在竞争越来越激烈的化工行业中脱颖而出。

第三阶段的核心操作：

1. 整体思路

（1）严格按照金蓝盟"五从五到"的经营分析工具（从宏观到微观、从行业到企业、从过去到未来、从核心到目标、从策略到体系），这一整体思路对于 W 公司的经营现状进行了深入的剖析。

（2）全面分析了企业所处的外部环境、行业市场的竞争以及企业内部核心竞争力，从而推导出企业的经营核心；并按照经营的核心制订出整体的战略目标，根据目标设计实施策略，最后拿出执行体系，形成操作剧本，全面指导企业的整体经营活动。

2. 核心操作

（1）形成《经营分析报告》：

①从 PESTEL 六个方面对于外部环境进行分析。

②从行业的关键成功要素、企业自身对于关键成功点的拥有程度以及"波特五力"模型对于行业市场的竞争进行了分析。

③从利用 SWOT 工具分析企业优劣势、企业的产品和服务组合、实现经营所需的能力分析，产品结构、客户结构、市场结构、营销的 4P 分析对于企业内部核心竞争力进行了全面而彻底的剖析。

（2）形成《营销战略规划报告》。

从基本战略、开发战略、竞争战略三个层面对于企业的营销战略应该如何规划和如何实施进行了全面的说明，形成了对企业在经营方面的整体指导。

（3）形成《营销模式运行方案》。

从如何开发客户、如何维护客户、如何推动销量上升三个方面，形成企业营销操作的实战型剧本，为树立企业品牌、规范市场操作、形成稳定客户、推动市场上量奠定了极其扎实的基础。

第三阶段的效果评估：

1. 对发展的深远影响

分析大与小、剖析内与外，明确企业自身定位：身在何处、去向何方、如何到达。从而通过明确企业的战略目标、实施策略、执行体系，让员工看到实实在在的希望，并能够知道自己在这一目标之下应该如何工作；最大限度地拉动大家的凝聚力，实现企业的快速、稳健、可持续发展。

2. 对经营的现实促进

对经营的现实促进见附图 2-3。

（1）通过对产品结构、市场结构、客户结构的梳理，确定了市场上主推的产品、明确了三级市场（核心市场、重点市场、培育市场）的层级运作、清晰了如何对不同的客户开展不同的服务工作，从而顺利完成了当年既定的"奋斗性"目标，在销售额上实现了30%的增长。

更为关键的一点是：因为对于三大结构的完善调整，使当年既定的实现利润目标比原定计划提高了近50%。

（2）通过《营销模式运行方案》的出台和强效推行，让营销团队规范

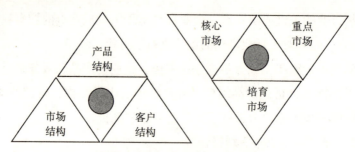

附图 2-3 对经营的现实促进图

了客户开发、客户维护和市场推动上量的具体操作，使市场呈现出了前所未有的良好发展势头。

 第四阶段：（收关）全面盘点并进一步精细化调整

总结与回顾——盘点三大阶段工作，深化推动执行：

在最后这个阶段，我们又与 W 公司一道对于前面 10 个月的工作进行了全面的总结和回顾，进一步彻底盘点了这 10 个月中已经完成的三大阶段的工作，深化了下一步继续推动执行的相关事宜。

W 公司是国内从事其化工行业中细分领域内最早的企业，应该说在国内的市场上有一定的地位。但是，客观地说，W 公司是有势力、无实力的企业。

有势力体现在该企业的历史悠久，有一支较为稳定的团队，有一批较为稳固的客户，有一定的市场销量，在国内同行中还能够位列第四；没实力集中体现在班底亟待提升，管理没有沉淀一套行之有效的模式，经营上没能把握住现有行业快速上升的良好势头，实现快速增长，在业内脱颖而出。这样一来，反而让一些后起之秀占先，从而使自身处在了前有猛虎、后有追兵的不利位置。

为此，金蓝盟专家组结合企业的实际现状和其所处行业的特点，对其管理的提升是围绕两条主线展开的：

一条主线是用管理推动经营：集中体现在对企业实施了组织改善和三大管理模式（人力资源管理模式、生产管理模式、营销管理模式）的建设与推行。

另一条线是用经营牵拉管理：集中体现在对企业进行了经营的全面分析和明确规划，同时又结合企业的销售现状，制订了销售模式，明确了客户开发、客户维护和市场推动上量的一系列举措和办法。

在项目的收关阶段，我们首先对以上的工作就执行情况和现状一道进行了深入的分析，看执行中又碰到了哪些新的问题及其具体解决方案。

完善与调整（根据人才提升现状，修订微调方案）

金蓝盟专家组在近一年中，根据企业人才的提升现状和相关岗位的具体表现情况，推动了新一轮的竞聘上岗，让内部的人岗匹配更加合理。

更进一步的是：针对 W 公司的人力资源现状，又结合工作的需求，进行了组织创新。从年初架构的矩阵式组织修订为"五平台，两中心"的特有组织形态。

五平台：根据企业的生产、研发实际，成立了五大生产研发平台。由相关领导分头把关、分头负责，这样就较好地解决了某些高层领导能力相对欠缺，但又不可能在短时间内彻底提升或从外部引进的现实情况，有效地对人力资源进行了整合，进而发挥整合优势。

两中心：一个为营销中心，另一个为服务中心。然后内部进行市场链管理，即营销中心对客户负责，服务中心对营销中心负责，五大生产平台对服务中心负责的组织创新模式。

企业收获

对于 W 公司的全面改善和整体提升，企业到底得到了什么？

一是组织高效了；

二是团队正气上升，邪气被彻底压制了；

三是人的观念尤其是领导观念与现代企业接轨了。

最后体现在具体的经营和管理上，都取得了长足的实效，关于这一点，具体的情况在前面三个阶段已经谈得较详细，在此不再赘述。

企业借鉴（尤其是改制后的企业）

（1）改制后的企业必须进行整体改善，首先要解决的就是观念再造的问题。

（2）要改造观念，用两招：一是密集教育和培训；二是进行组织创新。

（3）对于任何企业的再造，都必须是一个持续永恒的过程，要随着原有人才的不断提升和引进人才的使用进行调整。

（4）对于组织，必须要不断完善。就像海尔那样的企业，也是三年要对组织进行一次较大的改造。

（5）任何一家咨询公司对于企业的改造都必须要和企业的人才现状相匹配，否则再好的方案也无法去推动和执行。

（6）对于企业的咨询，咨询公司最重要的是"授人以渔，而不是授人以鱼"。

（7）对于企业再造项目的操作，必须要留有不断升级的空间，而且在项目结束时要设计好整体思路和套路，让企业在接下来的发展中，能够做到自我的不断升级，不断完善。

（8）对于任何一家企业的再造，落脚点必然是经营。抛开经营提升的企业再造是没有价值的，对于经营提升起不到效果的管理改造是没有任何意义的。

 案例小结

1. 对于需要全面改善的企业，组织改善是根本

大家都知道，毛泽东的成功在于两个得当：一是战略得当；二是用人得当。实际上，用人得当必须要来源于组织得当。对于一个要成就一番事业的企业来说，首要的关键就是要有适合于现代企业竞争条件下的流程化组织架构，有了组织，通过组织调动人，才能做到人尽其才；否则，只能称得上是一个团队，而团队的战斗力是值得怀疑的。

2. 对于现代竞争条件下的企业，人力资源管理体系的建立是基础

企业即人，无人则止。而运作企业的过程就是如何高效地"选、育、用、留"人才的过程，因为任何的工作、任何现代化的设备都需要人的操作，所以建立现代企业的人力资源管理运行模式显得更为重要，这一基础体系本身就可以推动企业的经营上台阶。

W公司便是最好的明证：通过新组织的设计和人力资源管理模式的运行，虽还没开始深度辅导经营，而业绩增长的表现已经超过了历史的最高水平。

3. 现代企业必须要有模式

现代企业竞争的本质（见附图2-4）就在于三方面：一是老板；二是班底；三是模式。老板、班底都在谈人，人的自我提升必然是境界、思维、能力逐步提升的过程；而管理模式的打造，如果管理者能够领会其精髓，则可以相对地快速建设并强化运行，从而较快地提高企业的竞争力。

4. 任何一家企业的管理模式建设都必须是个性化的，不存在两个完全一样的管理模式

任何一个管理模式都包括了五个方面的内容：理念、组织、制度、流程、考核。因为理念的不同，所以不会有两个完全相同的管理模式，完全照搬别的企业管理模式的做法是不可取也是根本行不通的。

也就是说，任何一家企业建立的管理模式都必须是适合自身特色的模式，只有如此，才能最大价值地发挥它应有的作用。

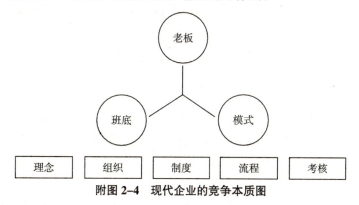

附图2-4　现代企业的竞争本质图

5. 企业的发展在于调动"人"，调动人在于"推、拉"二力有机、有效的结合

企业的"推、拉"有利于调动员工的积极性，增强全员凝聚力，值得注意的是，必须"推、拉"结合。管理是推力，经营是拉力。只有推力，干劲不能长久；只有拉力，工作难于严格贯彻执行。

6. 创新就是规范

行业市场营销的操作，创新固然重要，但日常规范化的操作确是一个很重要的前提。甚至对于中国绝大多数的中型企业而言，金蓝盟认为："创新就是规范。"

集团公司管控体系需要系统规划

——山东 ZC 开发建设集团有限公司管理模式集团化纪实

一、企业咨询背景

山东 ZC 开发建设集团有限公司（以下简称"ZC 集团"）的前身是莱州市开发建设总公司，成立于 1993 年 4 月 18 日，隶属莱州经济技术开发区管委。ZC 集团的企业资质等级为房屋建筑工程贰级总承包施工企业，是一个集建筑、安装、装饰、房地产开发于一体的集团型建安企业，其总资产近 4.5 亿元，拥有职工 1800 余人，其中各类专业技术人员达 450 余人。2007 年，ZC 集团实现年产值 3 亿元，实现利税 4000 多万元，上缴利税 1400 多万元。公司年施工面积 300000 平方米，竣工面积 250000 平方米。

在转换集团化模式管理之前，ZC 集团生产机构设置为：辖四个项目部、东北分公司、安装公司、装饰公司、金都新型建筑材料有限公司、金属门窗厂、租赁公司、金都房地产开发公司、顺意物业公司；集团改革前机构设置为：行政部、工程部、经营部、审计部、财务部、供应部六部，集团与子公司管理职能、业务部室有重叠。

2006 年底，北京金蓝盟企业管理顾问集团与 ZC 集团携手合作，开始进行 ZC 集团化管理模式改造。

二、企业核心问题解析

ZC 集团的主营业务是以建筑房地产为主。随着时代的发展和市场不断变化的需要，ZC 集团沿产业链开发出新的产品和新派生出子公司的不断出现，母公司的管理幅度越来越大，在追求自身超常规发展的过程中，ZC 集团不得不静下心来思考所面临的问题。

经过梳理，金蓝盟开建项目组与 ZC 集团共同对"集团转化中的问题"进行了总结，见附表 3-1：

附表 3-1　ZC 集团转化中的问题汇总

序号	主要问题	造成原因
1	母子公司战略协同效率低下。	集团对各子公司缺乏统一、系统的指导性规划，无法形成有效战略管理和资源整合协同作战。
2	母子公司冲突，内部资源调动混乱，整体效率低下，公司经营质量和效率无法有效提高。	缺乏先进母子公司管控思路，现有的运营管控模式，母公司管理集中度不高，放权过多，监督干预不够，不利于对子公司管控。
3	原管理模式管理漏洞、重叠较多，系统化制度倾向较弱，出现无制度，或有制度无法执行到位的状况。	母子公司管控缺乏模式化和规范化制度与流程。
4	母公司无法实现对子公司的有效控制，企业经营安全无法有效保障。	母子公司信息不共享，部分信息失真，缺乏有效的财务预算、成本控制、商务和约、营运监控体系。
5	母公司机构设置不合理。	由于母公司业务性工作量较大，导致机构、人员配置较多；原集团的机构、人员配置与现代化的集团管理不匹配、不协调。
6	公司核心竞争力不明显，产品竞争力较弱。	对项目工程前期调研、营销策划、规划设计、风险控制重视程度不够。
7	人员流动率高，绩效管理苍白无力。	母子公司责权体系不清晰、绩效考评和薪酬体系存在缺陷。

三、对 ZC 集团母子公司管控问题的解决方法

2006 年底，在金蓝盟开建项目组的指导建议下，ZC 集团在认真分析研究后果断决定"及时扭转公司现有以建筑业为主的机构设置和管理思路，转向母子公司集团化管控的思路"，并统一了集团化母子公司管控的原则。

1. 安全与高效并重，有效实现跨产品多项目宽泛管理

安全：指在集团的经营过程中，为确保母公司对重大事项的决策权和有关工作的知情权，母公司各职能部门必须代表母公司行使管理、监

控职能。

高效：指要充分发挥子公司的积极性和能动性，坚持分级分权的思想，将经营权充分下放给子公司。

分权不一定就高效，高效还有一个前提就是集团必须协调资源，发挥协同优势，给予子公司支持；控制不一定就更安全。通过以下措施，实现母公司有效管理子公司的战略控制和协同（详情见附表 3-2）：

附表 3-2 ZC 集团对安全和高效思想的定位

分类	解决办法
安全	1. 导入预算管理和年度经营计划，建立业绩和薪酬考评与管理系统，并坚决贯彻实施。 2. 完善母子公司制度与流程体系，使之科学化、精细化、规范化。 3. 通过实施管理审计，建立母子公司常年监控和预警体系，进行偏差分析。 4. 集团母公司外委专业战略合作单位（如预算、设计、审计单位）对子公司的检查、审核、监控，不能通过合作单位来检查的，通过自身的力量来检查。 5. 优化母子公司战略协同的企业文化。 6. 加强母公司人力资源的优化、储备工作，使之胜任母公司岗位需求和岗位监控职责。 7. 强化子公司的项目总经理等关键岗位的招聘、任用和工作业绩考评工作。
高效	1. 把母公司从日常事务中解放出来，重点研究企业前瞻性的决策课题，增强母公司的预见性、决策性、抗风险能力。 2. 母公司与子公司之间责权利划分明确，并扩大子公司运营的自主权；强化集团的指挥与协调功能；充分发挥子公司的积极性与灵活性。 3. 母公司的职能设置确保对子公司核心的活动（业务运作、项目管理、融资等核心节点）进行决策和监控。 4. 母公司的机构精干、高效、灵活有力；母公司的管理流程清晰简洁，管理幅度适度。

2. 有效提升企业竞争力，实现战略发展目标

通过母子公司管控体系的设计，ZC 集团将保持"产品主义"的差异化竞争优势，创造客户价值，保证企业"打造一流房地产建筑企业，成为行业内具备高知名度和美誉度的企业。用 ZC 的发展为全体股东创造高价值回报，让 ZC 所有价值创造者都能实现成功、致富并享受快乐生活"。最终的愿景是实现企业战略规划中制订的战略发展目标。

3. 制度和流程的需要

推动"集团母子公司管控体系和责权制"的研究，进一步明确 ZC 集团母子公司之间的管理，梳理各项管理和业务流程，集团就母子公司各职能边界，各自承担的权利、义务和责任进行明确，集团母子公司之间将严格遵守执行，绝不允许超越工作边界和权限，将为集团流程整合优化提供依据，提高集团整体的运作效率。

4. 实施分三个阶段实现母子公司有效管控

"凡事预则立，不预则废"，ZC 集团意识到实现有效母子公司管控不是一蹴而就的。因而集团在实施新的母子公司管控体系时，分三个阶段实现母子公司有效管控，其阶段划分和重点关注内容见附表 3-3：

附表 3-3　ZC 集团母子公司实现有效管控的阶段划分

阶段	重点关注内容
第一阶段	1. 以母子公司管控模式为纲，加强对子公司的审计监察工作，用以防范子公司的经营风险。 2. 加强集团的制度、流程建设和执行，提高工作效率和效果。 3. 提高人力资源素质，尤其是高管层的素质建设，可以选派高管参加外部管理培训，参加行业重要研讨会。 4. 加强员工培训，统一思想，提高认识，"争当优秀员工"。
第二阶段	1. 着力提高集团人力资源素质，吸引、培养、保留、激励一批能独当一面的全能型人才。 2. 加强"企业文化"建设，尤其需要打造一个团结高效、协调一致的"中高层管理团队"。
第三阶段	1. 巩固所取得改进成果，对其进行回顾和反思，及时协调差异，使之更切合企业实际，做到平稳过渡，圆满着陆。 2. 逐步由制度管理过渡到企业文化管理。

5. ZC 集团的战略规划直接导向母子公司管控体系制定

现在社会上流行一句话："一流的企业看风标（分析形势与战略），二流的企业把桨摇（低头盲目艰苦创业），三流的企业随风漂（任其自由发展）。"

ZC 集团重视战略管理，每年滚动调整制订集团发展战略规划，以指导集团经营宗旨和全局管控。在制订"ZC 集团母子公司管控体系"时，ZC 集团明确了集团的使命、愿景、经营和管理的战略目标，以及企业的市场、产品、拓展、竞争战略。具体体现见附表 3-4。

ZC 集团的发展战略指出，无论市场怎么发展，建筑开发都是集团主业，应该实现战略性的省级化布局、区域聚焦、产品聚焦、品牌聚焦，把

附表 3-4　ZC 集团母子公司管控体系的战略导向

战略做法	战略思想	对母子公司管控的指引
聚焦区域化	实现有效的跨区域多项目管理	改变母公司直接参与项目开发环节。
核心竞争力培育	品牌和营销设计	提倡品牌经营，强化投资决策、营销策划和规划设计的核心能力。
实现战略、管理、效率、成本管理、效益的提升	集团聚焦于关键管理职能和关键业务节点的控制	所谓母公司做精，就是母公司应该减少机构人员规模，强化业务（设计、工程、营销）指导和监控能力，减少对子公司具体事务的过多干涉。管理和业务监控聚焦于核心管理问题和关键业务流程重大节点，聚焦于集团的经营安全和战略发展上。
	子公司聚焦于项目的研发和实施	所谓子公司做强，就是子公司应该强化设计管理、营销策划、施工管理、工程质量、进度管理和成本控制等运营能力培养上，实现项目运营的快速、灵活和高效，保持和母公司的战略协同。

区域市场和细分市场做深做透，实现战略、管理、效率、成本、效益的提升。在"聚集能力，集中突破"的战略思想指导下，ZC 集团提出通过母子公司管控体系的设计使"母公司做精，子公司做强"。

6. ZC 集团对下属子公司的有效管控措施

在集团母子公司管控体系的设计上，ZC 集团认为首要的重点是保证"集团对子公司有效管控"。

为了配合母子公司管控体系的有效实施，ZC 集团不遗余力地建立对公司长远发展具有战略导向性的绩效、薪资管理体系。具体措施详见附表 3-5：

附表 3-5　ZC 集团对子公司实施的有效管控措施

管控职能定位	管控流程
制度和流程管控	步骤 1：完成母子公司管控体系建立，划分母子权限，确定公司组织结构和部门职责。 步骤 2：建立明确的管理流程。即战略管理流程；财务、成本管理流程；人力资源管理流程；监察流程。 步骤 3：建立业务流程。即项目拓展流程；项目策划流程；设计管理流程；工程管理流程；销售管理流程；物业管理流程。 步骤 4：各流程在全公司的实行。

管控职能定位	管控流程
战略管控	步骤 1：母公司战略规划。 步骤 2：子公司战略规划（子公司战略协同）。 步骤 3：子公司年度计划制订。 步骤 4：与子公司经理层签订绩效合约。 步骤 5：预算和审计监控。 步骤 6：偏差分析和绩效管理会议。 步骤 7：计划调整和绩效改进。
财务管控	步骤 1：制订财务政策、制度和流程；对子公司财务负责人进行下派。 步骤 2：财务预算系统：以年度战略计划为依据，制订年度财务计划并落实到公司各责任单位。 步骤 3：财务汇报系统：建立汇报机制以便及时审查汇集各责任中心的经营状况。 步骤 4：财务控制系统：分析报告，找出偏差的根本原因，并及时向集团管理层提出相应的解决方案。
人力资源管控	步骤 1：母公司对子公司高层和部门经理的选聘、委派、任命、考核等控制。 步骤 2：子公司经理、财务部经理由母公司直接下派。 步骤 3：母公司对子公司高层的胜任和业绩评估，不合格者及时罢免。 步骤 4：母公司进行人力梯队建设，制订子公司高层继任计划，通过职务轮换、设立副职、临时提升、参加各种委员会、管理知识培训等进行子公司后备管理者的培养。
业务管控	步骤 1：母公司通过评审、备案等方式，对项目拓展、营销策划、规划设计、工程管理、销售管理和物业管理的关键节点进行控制，保证在项目开发中实现集团的经营策略和产品的竞争力。 步骤 2：母公司建立项目巡查小组，对子公司的制度、程序、工作情况进行监督检查。
成本管控	步骤 1：母公司外委预算单位进行工程预算和结算控制。 步骤 2：母公司参与重大的招投标活动，并推荐相关战略合作单位。 步骤 3：子公司对一般的招投标事项在母公司进行备案。
审计监察	步骤 1：对子公司进行管理审计和财务审计。 步骤 2：对子公司高层进行人事监察。

经过双方的努力合作，ZC 集团化工作取得明显的管理提升效果（见附图 3-1），具体归纳如下：

（1）制订 ZC 集团长远战略规划，明确了企业奋斗方向和推进步骤。

（2）梳理集团组织机构、职责、作用、权限。

（3）建立健全集团化的规章制度、流程再造及优化。

（4）明晰集团母子公司的责权利、经营权限划分。

（5）推行具有激励机制的薪酬体系和员工管理。

（6）创建 ZC 集团企业文化和团队精神。

（7）开展员工培训，提高企业文化素质提高核心竞争力。

（8）梳理集团结构职能，集团母公司组织结构精简，子公司产业结构清晰。

截至 2007 年 5 月，从 ZC 集团母子公司管控问题的提出，到集团战略、管控模式选择，以及母子管控体系的设计，全面阐述了集团化母子公司管控的基本思路和操作手法，在近半年的时间里已取得了良好的预期效果。

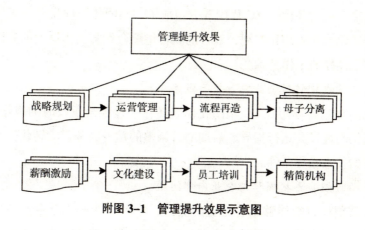

附图 3-1　管理提升效果示意图

2007 年底，公司成功组建山东 ZC 开发建设集团有限公司。

几年间，该集团从无到有，逐步发展壮大，成为建筑业中的一支生力军。

 ZC 集团能平稳转化过渡的关键要素总结

回顾 ZC 集团的整个转化过程，集团能够顺利地过渡，平稳着陆，达到我们预期的目标，是与双方的共同努力分不开的，归纳起来有以下几方面的因素起着关键的作用：

1. 集团领导头脑清晰、目标明确、执行力度大

ZC 集团的决策层头脑清晰、目标明确，在推行过程中有很强的信心和执行力度，推行遇到阻力困难不动摇，在这次集团化的转换工作中起了决定性的作用。

2. 企业结合实际，稳中求胜，生产管理两不误

ZC 集团的领导能结合企业自身的实际工程进度，人事变动、股权关系，稳中求胜，把握住了既不延误生产，又做到了平稳转化，实现了生产管理两不误的推行方针，取得很好的效果。

3. 合作双方有一个强有力的协调领导班子

北京金蓝盟集团与 ZC 集团双方组成了"集团化"项目领导班子，对集团的转化给予关注和审视，双方的项目组配合默契，为这次的集团化工作奠定了良好的工作基础。

4. 咨询机构针对企业贴身指导服务

北京金蓝盟集团在 ZC 集团化模式转化全过程给予及时的战略把握；方案提供与选择、运行指导、后期磨合调整的贴身服务，为转化工作创造了可靠的技术指导条件。

5. 项目组妥善把握参与企业内部问题

金蓝盟项目组能够结合企业的实际，恰到好处地参与企业的内部管理，避免了通常最难处理的人事关系、股权关系的摩擦，大大缩短了集团转化的时间周期。

6. ZC 集团全员参与

通过北京金蓝盟集团结合 ZC 集团化转化工作出现的问题，及时开展培训疏导，使 ZC 集团全体员工统一思想，提高认识，得到全体员工的理解和支持，减少了集团化工作推行中的阻力。

贴身辅导营销 扶上马送一程

——山东 M 乳业公司营销咨询案例

一、项目背景和咨询思路

6.9 年，是一个普通的数字，但它对中国企业却意味着一个严峻的现实，因为它是中国企业的平均寿命。

如何解决危机、扩大生存空间、跳出生存周期律，并且使中小民营企业更快更好地发展？在诸多不利的条件下，为什么有的企业能够由小做大、由弱做强，而有的则被市场自然淘汰出局？我们又该如何利用现有的资源实现经营突破、快速发展？如何在现有资源不足的情况下借助外界力量提升自身的经营管理能力？

山东 M 乳业有限公司（以下简称"M 乳业"）和北京金蓝盟管理顾问集团携手合作，实现了突破经营瓶颈、营销快速提升的成功案例，为众多的中小型企业解决上述问题提供了一个有效途径。

M 乳业位于山东省济南市，是一家民营独资企业，生产、销售发酵型乳制品。企业老板在 2001 年凭借自己的技术专长创办企业，经过几年的艰苦创业，已初步建立起覆盖数省的市场网络，树立了一定的品牌和信誉。现拥有固定资产 1000 余万元，员工 200 余人，产品为两个系列十几个单品，2006 年销售额 1500 余万元。

二、企业核心问题解析

最困扰山东 M 乳业的问题是：

1. 产品知名度不高

虽然企业规模在扩大，技术装备不断更新，又聘请时尚女生在中央电视台做广告，但是面对行业强势品牌的冲击，销量并没有什么提升，现有的市场占有率依然处在一个相当低的水平，产品知名度并不高。

2. 经销商网络像以前一样流失频繁

2006 年的销售额与 2005 年同期相比反而有所下降，在全国乳品行业中，依然属于典型的紧跟游击型中小企业，难以经受市场风浪的冲击。

3. 企业自身的销售管理还处在初级水平，销售团队的整体素质和稳定性较差

对于此问题，山东 M 乳业企业高层和营销团队处于束手无策的状态。

 问题分析：

金蓝盟管理顾问集团专家组通过调研发现，该企业现存的问题不仅仅是该企业一家独有的个体问题，而是中国中小民营企业，尤其是快速消费品企业普遍面临的难题。

从乳制品行业的具体情况来看，近年来，中小乳品企业在市场竞争日益激烈的情况下能否继续生存下去，如何得到发展，一直是困扰众多中小乳品企业的焦点难题：中小企业如何发展？如何成为区域强势品牌？如何由区域品牌发展成为全国品牌？

金蓝盟专家组通过对中外乳品市场的分析后认为：中国中小乳品企业具备着广阔的市场生存空间，只要企业肯下工夫、提高营销管理和营销策划的水平、以扩大经营规模来增强生存基础，还是拥有足够生命力的。

M 乳业现有问题的根本症结所在就是：销量上不去只是问题的表象，根本原因在于没有建立起一套行之有效的营销管理模式。具体分析如附图 4-1 所示。

三、具体解决方法

经过科学严谨的论证后，金蓝盟专家组提出了推动两条线，"一条线

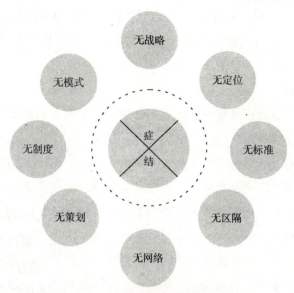

附图 4-1　M 乳业现有问题的根本症结

做经营提升；另一条线做管理改造"的咨询工作思路，并为 M 乳业量身订制了《企业乳业经营（营销）提升与管理改造方案》，从市场的整体战略规划入手，采取分阶段、分步骤、层层深入的方式，予以具体实施的贴身指导。

 战略规划和管理提升

一个企业要想实现长期、稳定的发展，首先必须做好的事情就是制订正确的发展战略规划，为企业未来的发展确立方向、目标和实施策略。金蓝盟专家组认为，中小企业战略规划内容主要包括有四个方面的基本要素：

（1）制定一套科学务实的企业经营发展规划。

（2）制定一套运作高效的管理战略规划。

（3）制定一套极具人性化人才战略规划。

（4）要有鲜明个性特色的企业文化战略规划。

在综合各方意见和前期内外部调研结果的基础上，专家组运用自身掌握的营销理论知识和实战经验，分析了 M 乳业所面临的行业形势、市场形势、企业所拥有的各项资源，并且为其制定了个性化的"一二三四五六"营销战略模型（见附图 4-2），具体如下。

一个领域

明确了企业及产品定位，M 乳业必须专注于液态奶领域，走区域饱和之路、培育品牌战略。

两个中心

建立围绕"以产品为中心、以市场为导向"的现代企业战略体系，坚持两个都要强调、两者都要落实的基本原则，带动品牌培育战略的实施。

三个结构

（1）梳理、细分现有市场结构：找出核心市场即利润市场，作为主战场，实施区域饱和，以点带面；维持维护下一级的战略市场，支撑企业正常运转，为未来区域饱和做准备；发展再下一级的培育市场走收缩路线、裸价操作。以上各级市场实行分区域、有重点的逐步运作。

（2）梳理渠道结构：通过经销商 SWOT 分析，了解各类经销商的经营情况以及经销思路、经销策略，划分出各类经销商等级；以县级流通渠道的经销商为支点，开发市场；以乡镇大型超市为品牌导入，中型商超覆盖；以村小卖店补充市场缝隙。并且对经销商的销售市场予以明确界定，严格制止相互压价串货等不正当竞争行为；对待优质客户，给予一定的政策倾斜。

（3）梳理产品结构：确定了"一高一低"两条线的"双品牌产品战略"，以"超级女声"系列高端产品获取利润、培育品牌，以"蒙王"系列低端产品做大销量、巩固市场；对各系列产品细分出主导赢利产品、走量产品和成长产品的不同梯次组合，并制订了相应的价格体系。同时在充分市场调研和市场细分的基础上，加大产品研发的力度，实现产品的不断更新换代，提高产品质量，改进产品包装，推出适应不同区域市场需求的产品。

四个阶段

根据 M 乳业自身的业务能力和时间的推移，专家组规划了未来 M 乳业实施战略规划的四个阶段。

（1）定打法：统一思想、理清方向、产品定位、市场定位、客户定位。

（2）理规则：完善内部管理规则，建立市场游戏规则，统一经销商政策，成功实现战略市场区域饱和。

（3）建团队：形成战略组织构架，建立管理运营岗位职责，形成团队作战机制。

（4）促上量：深度分销、促销策略、品牌建设。

五高战术

（1）高品质：推出高品质的产品和服务；

（2）高定位：走高定位产品、跳出底端混战、预留足够的利润空间、培育品牌、增强实力；

（3）高素质：建设高素质的营销团队和经销商队伍；

（4）高促销：通过高水平的促销策划，提出了通过"深度分销、终端拦截"进行区域市场营销运作的促销思路；

（5）高回报：为企业、社会、员工和经销商实现高额的回报。

六大体系

（1）目标考核管理体系。

（2）团队管理体系。

（3）经销商管理体系。

（4）成本控制体系。

（5）质量管理体系。

（6）价格信息管理体系。

为建立 M 乳业的现代营销管理机制，保障战略规划的执行，专家组从以下三个方面展开管理改造工作：

（1）完善组织，规范流程。

（2）建立标准，规范制度。

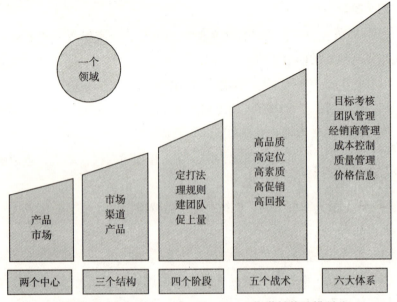

附图 4-2 "一、二、三、四、五、六"营销战略模型

（3）推行考核，狠抓执行。

 团队建设和策划年会

为解决 M 乳业的营销团队整体素质不高、人才储备严重不足的问题，专家组将 M 乳业营销团队建设的工作方向集中于：扩大营销团队的规模、补充新鲜血液、逐步提高素质、增强团队凝聚力。

首先，从员工招聘入手，建立一套员工成长的招、选、育、用管理机制。

其次，通过《人事管理制度》、《薪酬制度》、《日常行为和服务准则》、《培训制度》、各类《工作报表》等，建立起有效的激励、约束、授权、监督机制，逐步使员工实现从"按制度执行"向"要自觉执行"的转变。

最后，专家组有针对性地进行了《主管执行力》和《变革时代的应对策略》等课程的配套培训。

完成了规划营销战略、提升营销管理和建设营销团队等基础工作以后，专家组以策划"M乳业经销商年会"为突破点，组织企业营销团队实施了一次以营销上量为目标的战役行动，从而打开营销工作的新局面、增强M乳业全体员工必胜的信心。

通过调查，专家组发现M乳业年会存在以下问题：

（1）多层级、小差额的奖励，对经销商在感性认识上没有多少差别，产生不了太大激励作用；

（2）"蒙王"系列属于低端做量产品，如果奖励起点太低，就难以起到刺激提升销量、追求规模效益的作用；

（3）最高层级的订货额，绝大多数经销商难以达到；

（4）简单的产品奖励缺少创意。

在与企业协商后，专家组提出了立体式奖励政策，即确定统一的三个订货奖励阶梯，并且适当提高总体奖励比例，按照不同系列的不同单品给予不同的奖励比例，提高了重点产品的奖励额度；设计了一个订单抽奖节目，奖励形式为电脑、助力车、小家电等实用性强的商品；对所有来参会的经销商赠送的礼品，别出新意——送"金山"，赠送全国闻名的山东招远特产的金矿石工艺品；对因故不能前来参加年会或未携带足够现金的经销商，给予政策放宽，只要会议结束后一周内下订单和汇款，也享受现场订货奖励。

市场细分、产品定位和渠道整合

1. 市场细分

在进行了全面市场调研后，专家组发现：在M乳业的现有市场中，山东、江苏、安徽三省的销售额占了95%以上，其他区域市场的业务呈散点开展，销售额极低，而且市场结构紊乱，没有进行规范的系统规划和网络化管理，存在盲区。

专家组通对各区域市场的分析，辅导M乳业的营销部门确定了《市场划分标准》，并进行市场结构的调整（见附图4-3）。

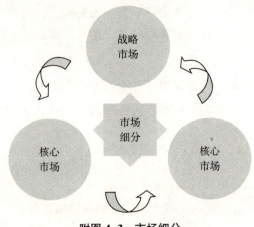

附图 4-3　市场细分

2. 产品定位

针对现有产品状况，专家组对所有产品进行了资金投入、销售增长、效益回报的量力分析，制定了《M 公司产品分类标准》，提出了"超级女声"系列和"蒙王"系列高低搭配的"'双品牌'产品战略"（见附图 4-4）：

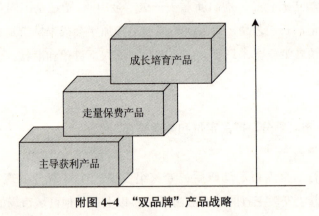

附图 4-4　"双品牌"产品战略

3. 渠道整合

为了整合渠道、正确地根据经营状况划分各级经销商，专家组制定了《经销商划分标准》，并且辅导 M 乳业的营销人员将所有经销商划分为 A、B、C 三类。

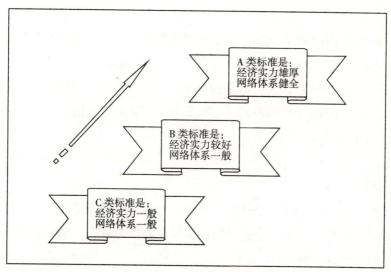

附图4-5 产品流通渠道整合

此外，在规范市场方面，专家组还专门制定了《M乳业经销商管理制度》。

 深度分销和扩大招商

1. 深度分销

依据战略规划的要求，专家组建议M乳业采取"区域饱和、深度分销、终端拦截"的促销战略。

按照既定思路，专家组经过一次核心市场的调研后制订了详尽的《2007年度M乳业促销及品牌发展计划》。

为了从制度和管理上保证深度分销方案的推进，专家组配套出台了M乳业深度分销操作体系文件：《深度分销——业务经理操作手册》、《M乳业市场普调》、《区域经理月度计划预案表》、《营销人员周汇报表》、《终端客户资料卡》、《终端销售记录卡》等。

通过上述操作文件，对全体营销团队尤其是一线销售人员的日常工作实行了有效的全面指导和监控。

2. 扩大招商

通过对前期工作的规划实施、企业营销模式、管理体系的落地，M 乳业在经营提升、营销上量已基本达到一定高度。但深度分销只是提升销量的一个方面，专家组认为，对全国范围内的空白市场必须采取扩大招商的方式，进行市场的全面战略覆盖，以保证销售额的长期增长。为了更快速地扩大招商，专家组为企业制订了《招商手册》。

 案例小结

通过 6 个月的深度咨询工作，M 乳业的营销工作有了全面的提升。截至 2007 年 3 月底，M 乳业仅仅用了短短 3 个月的时间，销售收入就已经超过 2006 年全年的总和。

面对业已取得的工作成果，专家组认为，咨询工作的真正效果不应仅仅局限于咨询期内所取得的成绩、满足于"授之以鱼"，而是应该坚持"授之以渔"的原则，使接受咨询的企业掌握适合企业实际需要工作方法，真正感受到长期的效果。

在咨询项目进行过程中，专家组就已经本着"扶上马、送一程"、对企业长期负责的工作态度，在每个月的咨询工作结束时，根据本月工作内容和下月工作计划，给 M 乳业的员工布置咨询作业并督促完成，使其在思想和行为上真正融入企业经营管理改造的进程之中。

突破核心"瓶颈" 实现管理提升
——MT 有限公司管理提升咨询项目案例

一、企业概况及项目背景

MT 有限公司位于山东省某市，成立于 2000 年 6 月，虽然起步时间不长，但发展迅速，已是较具规模的中型民营企业。截至 2007 年，MT 有限公司已拥有总资产 7000 万元，员工 430 人，其中各类专业技术人才 60 余人。另外，MT 有限公司拥有两条中、高密度板生产线，生产能力分别为 3 万立方米/年和 5 万立方米/年，主要生产中密度纤维板、复合强化密度板，产品用途为装饰板和地板基材。其主要销售区域为国内北京、河北、山东、江苏等地区，部分产品出口俄罗斯、立陶宛、爱尔兰等国家。

 二、企业核心问题解析

MT 有限公司自成立以来，抓住了中国家装市场迅速发展的机遇，逐步发展壮大。但是，随着企业的迅速发展，内部管理的诸多问题逐渐凸显，具体表现在：

（1）在设备使用和管理中未能达到把设备发挥到正常使用水平，操作水平低，废品率较高，生产成本不断上升，效益下滑；

（2）劳动生产率降低，产量徘徊不前，远远达不到设计生产能力；

（3）组织经营管理职能系统运行不通畅，不能发挥效能及作用，工作分工不明确、责权利不清晰；

（4）企业内部浪费严重，管理中有死角，"黑洞"现象严重；

（5）员工工作缺少动力，干好干坏一个样、形同大锅饭；薪酬体系不合理现象严重、各阶层员工都有不满；

（6）人才匮乏，缺少第二梯队，尤其缺少专业管理人员和核心技术人员，并且人员流失严重。

以上诸多问题的存在，严重制约了 MT 公司的发展。为了改变企业的管理现状，MT 公司领导决定与北京金蓝盟管理顾问集团合作，进行提高企业经营力及规范化管理的全面升级与转型。

 剖析问题形成原因

专家组经过大量细致周密的内外部调研，对 MT 公司现有的问题做出了深入剖析，认为问题产生的根本原因在于：MT 公司作为一个市场机遇型的民营企业，在发展初期依靠创业团队的激情和个人能力起步，但由于缺乏对经营战略的明确规划和现代企业管理的知识，在应对企业迅速扩张时必然产生的成长性问题时，缺少专业的解决手段。这主要表现在：

1. 组织架构设计不规范

由于组织架构设计不规范，没有明确的工作流程和相应的规章制度、岗位说明书，各部门的工作职能出现管理空白。

2. 缺乏有效的监督机制和考核标准

因为缺乏有效的监督体制和考核标准，导致 MT 公司对企业员工的考核没有直接与个人收入相挂钩。

3. 人力资源体系不健全

没有人力资源体系规划，缺少企业内部的职业生涯规划；人力资源管理滞后，缺乏有效的人才引进、选拔、培养、储备体制。

4. 薪酬制度不合理

缺乏有效的激励机制，不能起到应有的激励员工的工作积极性和留住人才的作用。

5. 没有构建起有效的生产管理体系

正因为如此，导致 MT 公司对产量、质量、成本和设备物资的管理不到位。

三、解决问题办法

针对 MT 公司存在的问题，专家组提出了解决问题的思路：MT 公司要以战略管理为龙头、以组织架构管理为主导、以有效的薪酬激励为关键控制点，重新完善管理体系。用管理推动经营，使企业能够正常生产、经营、发展，从而获得投资的正常收益。借行业的东风赚得自己该赚的钱，解决同行不同利的可怕现象，初步解决资金资源。沉淀管理模式，为下一步的发展奠定根基，为未来组建集团化公司打好基础。

对于 MT 公司来说，首先应该做的就是彻底完善管理体系，通过建立现代企业的管理机制和管理平台，打造一个高效管理运行组织，夯实企业发展的基石，为进一步的大踏步发展打好基础。因为对于今天的 MT，必须先有方向、战略，才会有凝聚力，再谈执行力。能够将大家凝聚在一起，就是人才物资源的集中、统一、高效运用，就是赏罚分明，进而在经营上实现跨越式的突破；然后才是全面提高执行力，责权利的清晰界定，让人归位、事归位、责任归位，执行力就能提升。

为了做好工作，MT 公司必须要明确企业的经营目的、经营哲学和经营方针，用它们来初步统一全员的思想、认识和观念，并作为指导 MT 的指南针，这就需要明确回答以下一系列的问题：

（1）我们的核心优势在哪里？

（2）形成什么样的核心竞争力才能使企业的主营业务持续发展并迅速增长？

（3）应该建立什么样的管理体系才能够更好地适应企业战略发展的需要？

其次，针对 MT 公司经营管理的现实需要，建立起既适合 MT 现状，同时又能适应今后的管理提升的组织管理运行模式。

 具体实施步骤

具体实施步骤见附图 5-1。

第一步，明确 MT 企业的经营目的、经营哲学和经营方针：

经营目的就是 MT 做强做大到底是为了什么？为了谁?

经营哲学包括经营理念、管理理念、行为理念、用人理念。

经营方针就是针对具体市场战术的指导原则。

第二步，优化资源配置，完善 MT 企业的组织架构。

第三步，制定各部门、各岗位的工作职能和管理制度；并进一步建立新的管控体系，完善 MT 公司管理模式。

第四步，建立现代人力资源管理体系，完成人力资源战略和规划，打造吸引人和用人、留人平台，并初步建立第二梯队；以建立有效的薪酬激励政策为关键突破点，提高员工的工作积极性和责任感。

第五步，培养健康、向上的企业文化，增强员工的凝聚力。

第六步，精细调整、完善、整合。在夯实管理的根基上，通过战略部署研讨会，明确公司的经营部署，并强化实施策略，为企业进一步指明前进的方向和清晰的道路，并达到提高经营力、完善管理体系的作用。

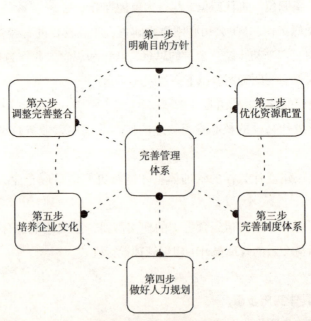

附图 5-1　解决问题的步骤

同时，企业将提升全员的知识、素养、技能作为一项长期的工作，常抓不懈。具体的手段就是通过企业氛围的塑造，让全员形成一股自主学习的浪潮；同时，配套一系列极具针对性的内部培训，起到一个推波助澜、引领潮流的积极作用。

 形成咨询方案

在具体的咨询工作中，专家组采取了循序渐进、层层深入的工作方式。

通过对行业的宏观政策分析论证、行业的市场竞争论证、企业的内外资源分析论证，形成了《MT公司战略发展规划》，明确了以下内容：

（1）明确MT的经营方针和经营目标，进而统一思想、统一认识，建立起共同发展愿景；

（2）初步设计MT的发展战略和经营战略：包括发展目标体系、达成策略体系和执行保障体系；

（3）初步梳理MT的管理战略、人才战略；

（4）为MT今年乃至今后更长一段时间的企业发展确定方向和发展策略。

在前期工作的基础上，专家组通过调研，了解MT目前组织情况，分析势态，找出了制约发展的管理"瓶颈"，分别制订了《MT公司组织管理方案》、《MT公司管理制度汇编》、《薪酬管理方案》、《差额计件提成生产管理办法》、《采购与储存管理实施办法》、《产品质量控制实施办法》、《设备使用维护管理办法》、《生产成本控制办法》、《全员管理工程——"心贴心"活动实施方案》。

方案的重点在于：以培养MT公司核心竞争力为目标，以提高管理竞争力为切入点，带动治理结构竞争力和市场竞争力的提高，全面提高企业的整体竞争力，顺利实现三个转变，即从"市场机遇型"向"市场开发型"转变、从"劳动密集型"向"技术优势型"转变、从"强人操控型"向"制度管理型"转变，使企业长期稳定的发展。

结合咨询方案，专家组进行了有针对性的培训：《组织创新与经营突破》、《赢在中层》、《如何做一名优秀员工》、《如何做一个好干部》等。通过以上培训，使广大干部职工提高了认识水平，增强了变革的信心的动力，为方案的推行奠定了思想和理论基础。

 方案的推行及取得的成果

上述方案形成之后，经过专家组的疏导，使 MT 公司各级管理人员及广大员工理清思路、达成共识，从而融会贯通、清晰理解、坚定信念、统一行动，按照项目规划有效执行。

（1）按照《MT 公司组织管理方案》的要求，MT 公司对现有组织结构进行了调整，出台了行政、财务、生产、质检、销售、设备物资等各项管理制度和各部门的工作职责。MT 公司原有两条生产线，分属于东、西两厂，两厂各有一套生产、质检、供应、原料和销售管理部门，经过调整，将两厂的行政科室合并，重组五部一室，统一领导。理顺了管理关系，减少了决策环节，提高了工作效率，初步形成了具有现代企业管理特点的管控模式。

（2）发挥早期创业团队的作用，组成监事会，更好地行使监督、建议的职能，完善了公司治理结构。

（3）在生产管理方面，根据生产计划、成本、质量、设备、采购等管理制度的要求，加强了对生产各环节的控制，在提高生产设备正常运转率、按期完成产品交期的同时，有效地降低了生产成本、保证了产品质量。

（4）针对 MT 公司的人力资源和管理水平的现状，专家组认为，如果实行全面的绩效考核，将会使管理成本大大增加，而且 MT 公司现有的管理团队难以做到。因此，专家组设计并推行了有针对性的、个性化的《MT 公司薪酬管理方案》，实行行政管理系统的工资与企业经济效益挂钩，生产系统的工资与产量直接挂钩，实行根据产量给予差额提成的计件工资形式。

在考核产量的同时，把产品的质量、成本控制、设备使用率、员工出勤率等统一纳入薪酬管理的考核项目当中，在当月的工资中直接兑现，有效地提高了员工的工作积极性和工作效率，提高了员工的成本、质量意识，在提高产量的同时，起到了杜绝浪费、减少废品率、提高设备利用率的作用。

（5）为了提升 MT 公司员工参与企业管理的意识和行动，架设员工与企业领导层积极沟通的渠道，培养良好的企业文化，让员工真正做到以厂为家、以厂为荣、爱厂敬业，专家组制订并指导推行了《全员管理工程——"心贴心"活动实施方案》。MT 公司成立了直属总经理领导的、全部由一线工人组成的员工委员会，具体负责方案的实施。

通过该方案的实施，有效地增进了员工和领导之间的交流，丰富了员工的业余文化生活，增强了公司的凝聚力和战斗力。

经过半年的管理咨询工作，MT 公司的管理现状有了根本性的改进和提升，具体表现在：

（1）新型组织管理体制在新任总经理的领导下顺畅运行。

（2）员工的精神面貌有了全面改观，工作积极性显著增加。

（3）产量有了明显的提高，其中西厂的月平均产量提高了 30%以上，大幅超出设备设计生产能力。

（4）东厂的产量在排除外界供电、供气的因素后，也达到了设备设计生产能力。

以上成果完全达到了双方的预期目标。

 合作期间双方的关键因素

本次咨询工作获得圆满成功，得益于合作双方的共同努力，主要取决于以下关键因素：

1. 建立了个性化的薪酬激励制度

北京金蓝盟专家组将丰富的企业管理专业理论知识和企业实践相结合，准确地剖析了企业现状，找出了制约企业发展的瓶颈在于管理不规范和缺乏有效的激励、考核政策，而解决问题的关键切入点在于建立起一套个性化的薪酬激励制度，这就为整个管理咨询工作树立了正确的目标和实施管理改造的准确方向。

2. 制定了极具针对性的、切实可行的、便于企业理解和操作的执行方案

专家组采取严谨的工作态度和深入实际的工作作风，深入企业一线进行广泛的调查研究，掌握了企业的实际情况和广大员工的真实想法，通过科学严谨的论证，制订了极具针对性的、切实可行的、便于企业理解和操作的执行方案，使各项管理提升的措施得以顺利实施。

3. MT 公司广大员工的积极配合

关心企业未来的前途、要求不断地变革和创新，对专家组的工作积极配合。专家组每次开展的培训，企业员工都踊跃参加，积极接受知识和理念的提高。有的车间主任带病坚持工作，连夜与专家组研讨方案直至凌晨，对其他干部职工起到了很好的表率和激励作用。

4. MT 公司的领导层的决心和信心

MT 公司的领导层拥有坚定的决心和信心，对整个咨询工作给予了坚强的支持和组织保障；在方案的推行过程中，创造条件、排除阻力、以身作则，坚定了公司全体员工的变革的信心，保障了各项方案的贯彻实施。

 案例小结

专家组认为，MT 咨询项目取得圆满成功的经验在于，专家组在项目的整体进程中始终把握好"三个度"，即高度、角度、尺度（见附图 5-2）。

1. 高度：决定视野

专家组分析企业现存问题的视野广阔，可以从一个宏观的高度对企业加以分析和指导。

金蓝盟专家组从国家宏观经济政策和人造板制造业的全行业的高度加以分析研究，得出结论：MT 公司所处的行业是一个对环境造成污染比较严重、国家限制政策较多的老工业产业，随着时间的发展，国家势必会针对该行业的原料、设备和技术标准出台更为严格的限制措施。如果企业按

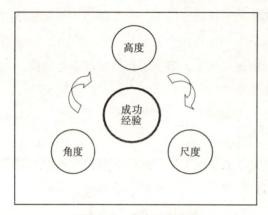

附图 5-2　成功经验总结

照国家政策要求对企业的污染和能耗加以改造，将会投入大量资金和精力，而且企业受到现有资金、技术和其他因素的制约，在国家政策规定的改造期内难以达到预期目标。

因此，专家组从管理实战的角度出发、为企业制订的战略发展规划明确指出：必须根据企业现状，采取有效的管理改善措施，在有限的时间内、最大限度地发挥现有设备的生产能力，取得企业经济效益的最大化，完成原始的资金积累，最终可以依靠雄厚的资金实力、按照国家的政策要求、在一个高起点上加以全面的经营改造，从而重新占领行业的制高点。

2. 角度：决定观念

专家组解决问题所依据的工作观念和工作方法不同。

任何一个企业在发展过程中，都存在着各方面的、大大小小的弊病，要根除这些弊病，是一个长期的、复杂的系统工程，很多企业经营者和管理者都会感到问题太多、无从下手，或是没有抓住重点、顾此失彼。而金蓝盟专家组凭借丰富的理论知识和企业实战经验，从不同的角度入手，直接抓住问题的核心，找到原因，在有限的咨询工作时间内，解决了制约企业发展的根本问题。

MT 公司的管理问题表象主要在于生产方面，如产量上不去、质量和成本难以控制，但是其根本原因却是组织和人力资源方面的问题，如组织

架构不合理、工作缺乏标准，等等，尤其缺乏有效的薪酬激励政策，导致责权利不对等、员工的工作积极性难以提升。因此，专家组直接从组织结构改造和重建薪酬体系入手，解决了长期困扰企业的核心问题。

3. 尺度：决定效果

专家组在咨询方案的推行过程中严格把握分寸、适时调整进度，保证了方案的最终实施效果。

在 MT 公司的整个咨询工作期间，金蓝盟专家组始终注意把握整体进度，在不同的工作阶段，针对不同的工作重点，采取不同的工作方式，从战略规划、组织改造、薪酬设计、生产管理到企业文化建设，分层次、有步骤地展开，并且在方案实施过程中，为了配合项目的推进，针对不同范围的员工进行不同科目的提升理念、提高技能培训。所以，在整个咨询期内，各项管理方案的出台和实施既不操之过急，又不议而不决、决而不断，始终有条不紊、循序渐进地推进，使管理改造的效果由易到难、由点到面逐渐显现，企业的管理现状得到稳步提升。

金蓝盟 MT 项目组认为，以上所述的"高度、角度、尺度"原则是本次管理咨询成功的重要经验。